U0947193

树立正确的
权力观 政绩观 事业观

杨佳斯 ◎ 著

中共党史出版社

图书在版编目（CIP）数据

树立正确的权力观政绩观事业观 / 杨佳斯著.
—北京 : 中共党史出版社，2025.7（2026.3 重印).
ISBN 978-7-5098-6813-3

Ⅰ. D262.3
中国国家版本馆 CIP 数据核字第 2025LP6506 号

书　　名：树立正确的权力观政绩观事业观
作　　者：杨佳斯

出版发行：中共党史出版社
责任编辑：王鸽子
社　　址：北京市海淀区芙蓉里南街 6 号院 1 号楼　邮编：100080
网　　址：www.dscbs.com
经　　销：新华书店
印　　刷：河北朗祥印刷有限公司
开　　本：710mm×1000mm　1/16
字　　数：200 千字
印　　张：15
版　　次：2025 年 7 月第 1 版
印　　次：2026 年 3 月第 2 次印刷
书　　号：ISBN　978-7-5098-6813-3
定　　价：52.00 元

此书如有印装质量问题，请联系中共党史出版社读者服务部　电话：010-83072535

目录

序　言

"各级领导干部要树立正确的权力观、政绩观、事业观，不慕虚荣，不务虚功，不图虚名，切实做到为官一任、造福一方。"①党的十八大以来，习近平总书记站在党和国家事业发展全局的战略高度，先后发表了一系列关于树立正确权力观、政绩观、事业观的重要论述。权力观、政绩观、事业观是世界观、人生观、价值观的重要体现，直接影响党员干部立身处世、从政干事的人生选择，决定能否创造经得起实践、人民、历史检验的实绩。2026 年 2 月，中共中央办公厅印发《关于在全党开展树立和践行正确政绩观学习教育的通知》。开展这次学习教育，是党中央着眼党和国家事业发展全局作出的重要部署，对于推动"十五五"开好局、起好步，为以中国式现代化全面推进强国建设、民族复兴伟业提供有力保障，具有重大而深远的意义。党员干部特别是领导干部要以此次学习教育为契机，进一步树立正确的权力观、政绩观、事业观，扎实推动高质量发展、推进中国式现代化，奋力实现"十五五"良好开局，共同谱写强国建设、民族复兴伟业新篇章。

正确的权力观、政绩观、事业观实际上是回答了"权力从何而来、权力为谁而用""政绩为谁而树、树什么样的政绩、靠什么树政绩""采取什么样的态度和精神对待事业、追求什么样的事业目标"的重大问题。权力观、政绩观、事业观，是内在统一的关系，三者之间既相互联系、相互依

① 《习近平在参加内蒙古代表团审议时强调 坚持人民至上 不断造福人民 把以人民为中心的发展思想落实到各项决策部署和实际工作之中》，《人民日报》2020 年 5 月 23 日。

存，又相互影响、相互制约。权力观是基础，对事业观和政绩观有着支配和指导作用。权力观异化，必然会导致事业观、政绩观错位。事业观是权力观的一个方面，是权力观在事业问题上的应用和贯彻，是权力观作用于自身的集中体现。一般来说，有什么样的权力观，就会有什么样的事业观。政绩观是党员干部事业观的核心内容，权力观、事业观共同决定政绩观，不同的权力观、事业观，会产生不同的从政价值判断，从而形成不同的政绩观。同时，由于权力观、事业观是在政绩观的基础之上认识从政价值的，所以政绩观又反作用于权力观、事业观，对权力观、事业观产生导向作用。

正确权力观、政绩观、事业观的核心要求在于坚持人民至上。习近平总书记强调，“马克思主义权力观概括起来是两句话：权为民所赋，权为民所用”①，“共产党人必须牢记，为民造福是最大政绩。我们谋划推进工作，一定要坚持全心全意为人民服务的根本宗旨，坚持以人民为中心的发展思想，坚持发展为了人民、发展依靠人民、发展成果由人民共享，把好事实事做到群众心坎上”②，“我们党没有自己特殊的利益，党在任何时候都把群众利益放在第一位”③。马克思主义是属于人民、为了人民的理论，以马克思主义为指导、以民主集中制为组织原则的中国共产党是扎根人民、服务人民的政党，这就决定了中国共产党人的理想信念必须以人民为价值旨归，党员干部正确的权力观、政绩观、事业观必须坚持人民至上。

正确权力观、政绩观、事业观只有在伟大实践中才能得到锤炼和检验。社会主义是干出来的，新时代是奋斗出来的。实践是连接改造主观世界和客观世界的桥梁，没有实践，正确的权力观、政绩观、事业观就成了空中

---

① 转引自王成国:《自觉树立和践行新时代党员干部“三观”》,《学习时报》2023 年 10 月 23 日。

② 《习近平在中央党校（国家行政学院）中青年干部培训班开班式上发表重要讲话强调 筑牢理想信念根基树立践行正确政绩观 在新时代新征程上留下无悔的奋斗足迹》,《人民日报》2022 年 3 月 2 日。

③ 《习近平在参加内蒙古代表团审议时强调 坚持人民至上 不断造福人民 把以人民为中心的发展思想落实到各项决策部署和实际工作之中》,《人民日报》2020 年 5 月 23 日。

楼阁。党员干部必须投身实践，深刻体会权力来自人民、服务人民，坚持公正用权、依法用权、为民用权、廉洁用权；要在实践中真正树立和践行以人民为中心的政绩观，脚踏实地创造出经得起实践、人民、历史检验的政绩；把个人事业与党和人民的事业紧密相连，将正确的事业观落实到每一个行动、每一项决策中。面对世界百年未有之大变局加速演进，面对随时可能出现的风高浪急甚至惊涛骇浪的重大考验，我们唯有自觉树立和践行正确权力观、政绩观、事业观，求真务实、真抓实干，敢于斗争、善于斗争，才能更好地奋进新征程、建功新时代。

总之，自觉树立和践行正确的权力观、政绩观、事业观是新时代党员干部的必修课，也是基本工作要求，更是重大政治原则。这不仅关系到党员干部自身的成长和发展，更关系到党和国家事业的繁荣昌盛。《树立正确的权力观政绩观事业观》这本书旨在为广大党员干部提供理论指导和实践启示，希望党员干部能够通过学习和实践，深刻领会“三观”的内涵，在新时代的伟大征程中，为实现中华民族伟大复兴而不懈努力，创造出无愧于党、无愧于人民、无愧于时代的辉煌业绩。

第一章

新时代党员干部“三观”的重要意义

党的十八大以来，习近平总书记站在党和国家事业发展全局的战略高度，先后在多个场合强调党员干部要树立正确的权力观、政绩观、事业观，并围绕相关问题作出一系列重要论述。习近平总书记关于权力观、政绩观、事业观的重要论述，是对马克思主义世界观、人生观、价值观的原创性贡献，是新时代党的创新理论的重要组成部分，为党员干部树立和践行正确“三观”指明了努力方向、提供了根本遵循。

正确的权力观、政绩观、事业观，深刻彰显了党员干部从政的价值取向，它们既是党员干部履职尽责、干事创业的坚实思想基础，又是其政治素养、党性修养、胸襟眼界、道德情操、能力素质等多方面的集中体现。党员干部“三观”正确与否，关系党和人民事业前途命运，关系党的执政基础和执政地位。新时代新征程，党员干部树立正确“三观”，既要内化于心，真正从思想上认同和接受“三观”，使其成为自身价值观的核心部分；又要外化于行，将这些观念切实转化为具体的行为实践；还要体现在日常言行和履职成效上。党员干部只有树立正确“三观”，并将其贯穿于各个方面，才能更好地发挥先锋模范作用，真正做到对历史和人民负责，为全面建设社会主义现代化国家、全面推进中华民族伟大复兴贡献自己的力量。

一、党的性质和宗旨的集中体现

中国共产党是按照马克思主义建党原则建立起来的先进政党，党的根本宗旨是全心全意为人民服务。马克思主义唯物史观认为，人民是历史的创造者，是决定党和国家前途命运的根本力量。习近平总书记指出：“人民是创造历史的动力，我们共产党人任何时候都不要忘记这个历史唯物主义最基本的道理。”[①]“学习马克思，就要学习和实践马克思主义关于坚守

① 《习近平总书记系列重要讲话读本》，人民出版社、学习出版社 2016 年版，第 128 页。

人民立场的思想。人民性是马克思主义最鲜明的品格。”[1]“我们的权力是党和人民赋予的，是为党和人民做事用的，姓公不姓私。”[2]正确权力观、政绩观、事业观就像镜子，不仅能映照出党员干部个人的工作态度和工作作风，更能映照出党的性质和宗旨。

党的性质和宗旨是中国共产党与其他政党相区分的重要标志，权力观、政绩观、事业观则是作为执政主体在思想观念层面与其他执政主体相区分的标志。中国共产党人的权力观、政绩观、事业观体现着党的性质和宗旨。

正确权力观、政绩观、事业观集中体现着党的性质。性质，乃是一种事物区别于其他事物的根本属性所在。党的性质，具体而言，是党本身所固有的本质属性，是其区别于其他政党的最根本的特征。中国共产党从1921年诞生起，就是按照马克思主义建党原则建立起来的工人阶级政党。党章规定：“中国共产党是中国工人阶级的先锋队，同时是中国人民和中华民族的先锋队，是中国特色社会主义事业的领导核心，代表中国先进生产力的发展要求，代表中国先进文化的前进方向，代表中国最广大人民的根本利益。”这段话深刻阐明了党的性质。正确权力观、政绩观、事业观体现着党的阶级性、先进性、引领性。正确权力观、政绩观、事业观的人民立场意味着党员干部时刻将人民放在心中最高位置，体现着党的阶级性和群众性。在正确权力观、政绩观、事业观的引领下，党员干部能够发挥“先锋队员”作用，体现着党的“先锋队”性质。正确权力观、政绩观、事业观体现着党的引领力与引导力，体现着党的领导地位和带领作用。

正确权力观、政绩观、事业观集中体现着党的宗旨。党的宗旨是全心全意为人民服务。党的十八大以来，习近平总书记反复告诫全党，要思考我们从哪里来，到哪里去，要思考为了谁、依靠谁、我是谁的重大问题。

---

① 习近平:《在纪念马克思诞辰200周年大会上的讲话》,《人民日报》2018年5月5日。

② 习近平:《做焦裕禄式的县委书记》，中央文献出版社2015年版，第10页。

他在纪念毛泽东同志诞辰 120 周年座谈会上的讲话中指出："全心全意为人民服务，是我们党一切行动的根本出发点和落脚点，是我们党区别于其他一切政党的根本标志。"他在党的二十大报告中强调："江山就是人民，人民就是江山。中国共产党领导人民打江山、守江山，守的是人民的心。"我们党的根基在人民、血脉在人民、力量在人民。党的一切工作都是为了实现好、维护好、发展好最广大人民根本利益。在全面建设社会主义现代化国家的新征程上，正确权力观、政绩观、事业观始终体现党全心全意为人民服务的宗旨，关注人民对美好生活的向往。当然，全心全意为人民服务不是抽象的而是现实的，必须落实在执政过程中，落实在干事创业过程中。具体来看，党的宗旨需要党员干部从工作动机、工作态度、工作作风等多角度加以践行，尤其需要通过执政主体的工作实绩提高为人民服务的实效性。只有始终坚持全心全意为人民服务，积极回应人民群众的现实需求，把权力用在为党分忧、为国尽责、为民造福上，方能不负时代、不负人民。

二、践行党的初心使命的根本所在

为中国人民谋幸福、为中华民族谋复兴，是中国共产党人的初心和使命，是激励一代又一代中国共产党人前仆后继、英勇奋斗的根本动力源泉。我们党自诞生之日起，就把初心和使命写在了自己的旗帜上。在百余年波澜壮阔的奋进历程中，党从弱小逐步走向强大，从萌芽发展为参天大树，经历了无数次腥风血雨的残酷洗礼，却又一次次在绝境中浴火重生，不断从胜利走向新的胜利，其根本原因就在于，无论处于一帆风顺的顺境，还是荆棘满途的逆境，党都坚定不移地秉持着为中国人民谋幸福、为中华民族谋复兴的初心和使命，义无反顾向着这个目标前进。正是这份执着与坚守，让党赢得了广大人民群众发自内心的衷心拥护和毫不动摇的坚定支持，铸就了党和人民鱼水情深、众志成城的伟大历史篇章。

树立正确的权力观、政绩观、事业观，既深刻体现了我们党践行初心使命、永葆马克思主义政党本色的高度政治自觉，又充分展示了我们党一贯的政治立场和政治态度。党的十八大以来，习近平总书记反复告诫我们，要永远保持建党时中国共产党人的奋斗精神，永远保持对人民的赤子之心。2016 年 7 月 1 日，习近平总书记在庆祝中国共产党成立 95 周年大会上的讲话中指出："一切向前走，都不能忘记走过的路；走得再远、走到再光辉的未来，也不能忘记走过的过去，不能忘记为什么出发。"2017 年 10 月 18 日，习近平总书记在党的十九大报告中指出："中国共产党人的初心和使命，就是为中国人民谋幸福，为中华民族谋复兴。这个初心和使命是激励中国共产党人不断前进的根本动力。"2019 年 6 月 24 日，习近平总书记在十九届中央政治局第十五次集体学习时的讲话中指出："我们党是用马克思主义武装起来的政党，始终把为中国人民谋幸福、为中华民族谋复兴作为自己的初心和使命，并一以贯之体现到党的全部奋斗之中。忘记这个初心和使命，党就会改变性质、改变颜色，就会失去人民、失去未来。"2019 年 7 月 15 日，习近平总书记在内蒙古考察并指导开展"不忘初心、牢记使命"主题教育时指出："中国共产党之所以赢得人民群众拥护和支持，就因为我们党始终坚守为中国人民谋幸福、为中华民族谋复兴的初心和使命。"2020 年 1 月 8 日，习近平总书记在"不忘初心、牢记使命"主题教育总结大会上的讲话中指出："不忘初心、牢记使命不是一阵子的事，而是一辈子的事，每个党员都要在思想政治上不断进行检视、剖析、反思，不断去杂质、除病毒、防污染。"2023 年 1 月 9 日，习近平总书记在二十届中央纪委二次全会上的讲话中强调："我们必须坚守奠基创业时的初心，坚守党的理想信念宗旨，始终为中国人民谋幸福、为中华民族谋复兴，始终保持党同人民群众的血肉联系，永葆党的先进性和纯洁性。"习近平总书记这些关于党的初心和使命的重要论述，是对我们党成立百余年历史经验的深刻总结，也是对党的性质宗旨的深刻揭示。

马克思主义科学理论告诉我们，我们党的初心和使命，不是哪个人主观意志的产物，而是人类社会发展规律和近代以来中国社会历史发展必然趋势的反映。党的历史和国际共产主义运动实践也告诉我们，马克思主义政党要始终做到不忘初心、牢记使命并不容易。尤其是对于我们这样一个规模这么大、历史这么久、领导人民创造一系列伟大成就的百年大党来说，能不能始终做到不忘初心、牢记使命更是一个突出难题。马克思主义政党的先进性和纯洁性并不会随着时间的推移就自然而然地保持下去，共产党员的党性也不会随着党龄的增加和职务的提升就顺理成章地得到提高。初心不会自然保质保鲜，倘若稍一疏忽，它便可能被世俗的尘埃所沾染，在不知不觉间迷失方向，忘记了当初为何要出发，也不记得要去往何方，甚至将初心丢失。党员干部是党的执政骨干，是凝聚党心民心的“桥梁”和“纽带”，在推进强国建设、民族复兴的新征程中，必须树立和践行正确的权力观、政绩观、事业观。

2020 年 5 月，习近平总书记在参加十三届全国人大三次会议内蒙古代表团审议时指出：“各级领导干部要树立正确的权力观、政绩观、事业观，不慕虚荣，不务虚功，不图虚名，切实做到为官一任、造福一方。”2023 年 4 月，在学习贯彻习近平新时代中国特色社会主义思想主题教育工作会议上，习近平总书记再次强调“要教育引导广大党员、干部学思想、见行动，树立正确的权力观、政绩观、事业观，增强责任感和使命感”。树立正确的权力观、政绩观、事业观不是空洞的口号、抽象的概念，而是具体、实际的行动。党的初心和使命，从根本上决定了党员干部必须坚定不移地锚定人民公仆这一神圣的角色定位，将造福人民作为最大政绩，在实际工作中，切实做到权为民所用、情为民所系、利为民所谋。习近平总书记强调，让人民生活幸福是“国之大者”[①]，“是人民当家作主，我们是人民的勤务员”[②]。党员干部要把初心和使命刻在心里，想人民之所想、行

① 《习近平在广西考察时强调 解放思想深化改革凝心聚力担当实干 建设新时代中国特色社会主义壮美广西》，《人民日报》2021 年 4 月 28 日。

② 《习近平的人民情怀》，《人民日报海外版》2017 年 2 月 15 日。

人民之所嘱，谋民生之利、解民生之忧，扛起时代重任，以不变的初心，以更大的使命感，为人民美好生活向往追求不懈奋斗。

新时代新征程，只有不忘初心、牢记使命，始终把人民放在心中最高位置，以忠诚之心践行党的宗旨，以敬畏之心对待手中权力，以感恩之心服务人民群众，才能彰显共产党人的初心使命与境界担当。党员干部必须悟透以人民为中心的发展思想，将一切为民谋利作为根本出发点，将切实造福于民作为实践落脚点，把群众的急难愁盼问题当成工作的重中之重，把群众的冷暖安危时刻铭记于心，想群众之所想、急群众之所急，用心去感悟群众的情绪，用真情去温暖群众的心灵，用全力去解决群众的烦心事，不断满足人民日益增长的美好生活需要，不断创造党和人民认可、经得起实践和历史检验的实绩，以中国式现代化全面推进强国建设，实现中华民族伟大复兴。

三、坚持“两个结合”的时代产物

党员干部树立和践行正确的权力观、政绩观、事业观，是“两个结合”的产物。马克思主义世界观、人生观、价值观是正确权力观、政绩观、事业观的基石，权力观、政绩观、事业观是党员干部世界观、人生观、价值观在政治上的集中反映。同时，正确权力观、政绩观、事业观蕴含的“天下为公”“民为邦本”“为政以德”“修齐治平”“兴亡有责”等核心价值因子，既与中华优秀传统文化精华相贯通，又同广大群众日用而不觉的共同价值观念相融通，具有强大的历史穿透力、文化感染力和精神感召力[①]。

马克思主义是我们立党立国、兴党兴国的根本指导思想，是我们党的灵魂和旗帜。实践告诉我们，中国共产党为什么能，中国特色社会主义为什么好，归根到底是马克思主义行，是中国化时代化的马克思主义行。自

① 王成国:《自觉树立和践行新时代党员干部“三观”》,《学习时报》2023年10月23日。

近代以来，西方列强凭借坚船利炮轰开中国国门，曾经辉煌灿烂的中华文明遭受重创，中国在这股强大的外力冲击下失去了文化自信。在此期间，无数中国先进分子心怀救亡图存之志，进行了诸多艰辛的探索与尝试。从洋务运动的“师夷长技以制夷”到戊戌变法的改良维新，从太平天国运动的农民抗争到辛亥革命的资产阶级革命，这些努力都未能从根本上改变中国的命运，皆以失败告终。直到马克思主义传入中国，并逐渐成为中国社会和文化进行自我改造以及现代性转换的强大思想武器，中国的民族独立、人民解放、社会发展才取得了实质性的进展。中国共产党百余年的发展历程也雄辩证明，马克思主义作为引领中国发展进步的科学理论，必然有着同中华民族的历史文化和价值观念深度融合的内在机理。

“两个结合”是2021年7月1日习近平总书记在庆祝中国共产党成立100周年大会上的讲话中明确提出的，即“坚持把马克思主义基本原理同中国具体实际相结合、同中华优秀传统文化相结合”。2022年10月16日，习近平总书记在党的二十大报告中指出：“我们必须坚定历史自信、文化自信，坚持古为今用、推陈出新，把马克思主义思想精髓同中华优秀传统文化精华贯通起来、同人民群众日用而不觉的共同价值观念融通起来，不断赋予科学理论鲜明的中国特色，不断夯实马克思主义中国化时代化的历史基础和群众基础，让马克思主义在中国牢牢扎根。”2023年6月2日，习近平总书记在文化传承发展座谈会上进一步强调：历史正反两方面的经验表明，“两个结合”是我们取得成功的最大法宝。

“第一个结合”是中国共产党人取得胜利的基本方略。马克思主义能不能在实践中发挥作用，关键在于能否把马克思主义基本原理同中国具体实际相结合。百余年来，中国共产党之所以能够完成近代以来各种政治力量不可能完成的艰巨任务，就在于始终坚定不移地高举马克思主义伟大旗帜，毫不动摇地以马克思主义科学理论为行动指南。并且，以中国方案、中国经验、中国道路深刻诠释马克思主义基本原理，持续深入地推进对马克思主义的深度认知和科学运用，与时俱进地创新、发展马克思主义，不断赋予马克思主义新的时代理论和时代内涵，从而让马克思主义在中国的广袤大地上绽放出更加绚烂夺目的真理光芒，持续为实现中华民族伟大复兴提供磅礴的思想动力与坚实的理论支撑。恩格斯指出："马克思的整个世界观不是教义，而是方法。它提供的不是现成的教条，而是进一步研究的出发点和供这种研究使用的方法"[①]。习近平总书记强调："对待马克思主义，不能采取教条主义的态度，也不能采取实用主义的态度。如果不顾历史条件和现实情况变化，拘泥于马克思主义经典作家在特定历史条件下、针对具体情况作出的某些个别论断和具体行动纲领，我们就会因为思想脱离实际而不能顺利前进，甚至发生失误。"[②] 当今世界，百年未有之大变局正在加速演进，国际秩序进入激烈的动荡变革期。面对瞬息万变的局势，如果因循守旧、固步自封，缺乏理论创新的果敢与魄力，不能科学回答中国之问、世界之问、人民之问、时代之问，那么，党和国家的事业必将停滞不前，马克思主义也会失去生命力、说服力。我们必须坚持运用辩证唯物主义和历史唯物主义，坚持解放思想、实事求是、与时俱进、求真务实，准确把握时代大势，勇于站在人类发展前沿，聆听人民心声，回应现实需要，把坚持马克思主义和发展马克思主义统一起来，坚持用马克思主义之"矢"去射新时代中国之"的"，一切从实际出发，着眼解决新时代改革开放和社会主义现代化建设的实际问题，作出符合中国实际和时代要求的正确回答，得出符合客观规律的科学认识，形成与时俱进的理论成果，更好指导中国实践[③]。只有正确回答时代和实践提出的重大问题，凝练出与时代同呼吸共命运的创新理论结晶，才能始终保持马克思主义的蓬勃生机和旺盛活力。

"第二个结合"是中国共产党人取得胜利的"灵魂法宝"。坚持把马克

① 《马克思恩格斯选集》第 4 卷，人民出版社 2012 年版，第 664 页。

② 习近平：《在哲学社会科学工作座谈会上的讲话》，《人民日报》2016 年 5 月 19 日。

③ 《党的二十大报告辅导读本》，人民出版社 2022 年版，第 207 页。

思主义基本原理同中华优秀传统文化相结合，是我们党对马克思主义中国化时代化历史经验的深刻总结，是对中华文明发展规律的深刻把握，表明我们党对中国道路、理论、制度的认识达到了新高度，表明我们党的历史自信、文化自信达到了新高度，表明我们党在传承中华优秀传统文化中推进文化创新的自觉性达到了新高度。2023 年 6 月 2 日，习近平总书记在文化传承发展座谈会上的讲话中强调，“结合”的前提是彼此契合，“结合”的结果是互相成就。如果说“彼此契合”是两种文化形态有机结合的基础和前奏，“互相成就”则是二者互鉴、共荣的历史必然。只有从漫长的历史文化长河中汲取精神滋养和实践智慧，以马克思主义的真理之光点亮中华五千多年优秀传统文化中的活力因子，提炼并弘扬中华民族的人文精神和思想精髓，同时结合现代文明的内在特质、人类文明的优秀成果对其进行转化、完善与发展，才能为人类文明的整体转型和全面提升提供中国方案、贡献中国智慧[①]。“第二个结合”为马克思主义的不断发展打开了新境界，是“第一个结合”的理论深化和思想升华，是马克思主义中国化时代化不断与时俱进的必然结果。

当前，世界之变、时代之变、历史之变正以前所未有的方式展开，习近平总书记坚持把马克思主义基本原理同中国具体实际、同中华优秀传统文化相结合，科学把握一般与特殊的辩证关系，其关于权力观、政绩观、事业观的重要论述，是对马克思主义世界观、人生观、价值观的原创性贡献，确立了新时代党员干部“三观”，是新时代党的创新理论的重要组成部分，体现了真理尺度与价值尺度、民族性与时代性的高度统一。

四、总结历史经验、汲取历史智慧的重要成果

历史是最好的教科书，也是最好的清醒剂。纵观中华民族发展史，历

① 邹广文：《“第二个结合”：在彼此契合中夯实文化自信根基》，《光明日报》2024 年 6 月 10 日。

朝历代但凡强调民本、重视民生而施“仁政”者，国家就会长治久安，人民就会安居乐业，反之，就会人亡政息。百余年来，我们党团结带领全国各族人民进行伟大奋斗，中华民族迎来了从站起来、富起来到强起来的伟大飞跃，靠的就是共产党人坚定的理想信念，靠的就是共产党人树立和践行了“权为民所赋、权为民所用”“为民造福是最大政绩”“功成不必在我”“功成必定有我”“为人民利益不懈奋斗”这些崇高价值追求。正确的权力观、政绩观、事业观，充分汲取了中华五千多年文明史和党的百年奋斗史中的智慧和力量，彰显了我们党坚定历史自信、运用历史思维、掌握历史主动的大格局大气魄。

“以史为鉴，可以知兴替。”在领导人民进行革命、建设和改革的过程中，我们党始终重视历史经验的借鉴和运用。1938 年 10 月，毛泽东在党的六届六中全会上指出：“今天的中国是历史的中国的一个发展；我们是马克思主义的历史主义者，我们不应当割断历史。从孔夫子到孙中山，我们应当给以总结，承继这一份珍贵的遗产。这对于指导当前的伟大的运动，是有重要的帮助的。”重视对历史的学习和对历史经验的总结与运用，善于从不断认识和把握历史规律中找到前进的正确方向和正确道路，是我们党的一个好传统，也是百余年来党能够领导中国革命、建设和改革不断取得胜利的一个重要原因。

党的十八大以来，习近平总书记高度重视学习和总结历史、借鉴和运用历史经验，指出“我们对于时间的理解，不是以十年、百年为计，而是以百年、千年为计”①，强调“对历史进程的认识越全面，对历史规律的把握越深刻，党的历史智慧越丰富，对前途的掌握就越主动”②，要求党员干

① 《习近平主席访问欧洲微镜头》，《人民日报》2019 年 3 月 26 日。

② 《中共中央政治局召开专题民主生活会强调 弘扬伟大建党精神坚持党的百年奋斗历史经验 增加历史自信增进团结统一增强斗争精神 中共中央总书记习近平主持会议并发表重要讲话》，《人民日报》2021 年 12 月 29 日。

部“善于通过历史看现实、透过现象看本质”[①]。重视历史、学习历史、研究历史、借鉴历史，对于党员干部树立正确的权力观、政绩观、事业观也具有重要意义，它不仅能够帮助党员干部丰富头脑、开阔眼界、提高修养、增强本领，还能够促使他们更好地理解自己的职责和使命，更加坚定地为人民服务，为推进强国建设、民族复兴贡献自己的一份力量。

习近平总书记指出：“领导干部要多读一点历史，从历史中汲取更多精神营养。”[②]党员干部尤其是领导干部，要加强对历史的学习，切实提高历史思维能力。有没有历史思维、历史眼光，对党员干部来说大不一样。它往往显示了党员干部的思想水平，特别是认识事物、分析矛盾、解决问题的能力和水平。历史是最好的教科书，治理好今天的中国，需要对我国历史和传统文化有深入了解，也需要对我国古代治国理政的探索和智慧进行积极总结。历史是最好的营养剂，重温党的光荣历史，不断接受思想洗礼和精神滋养，才能知史爱党、知史爱国，在历史学习中修好“心学”[③]。党员干部学习历史，要落实在提高历史文化素养以及领导工作水平上，“最重要的是要具有历史意识和文化自觉，即想问题、作决策要有历史眼光，能够从以往的历史中汲取经验和智慧，自觉按照历史规律和历史发展的辩证法办事”[④]。当党员干部的历史知识得以丰富与充盈，其视野的广度与胸襟的豁达程度将会获得极大拓展，思维能力和领导水平也会提升到一个新的高度。思维能力和领导水平提高了，弄清楚我们从哪儿来、往哪儿去，诸多复杂问题才能被洞察得更为深刻、把控得更为精准，进而持续增强工作的原则性、系统性、前瞻性、创造性，有力推动各项事业稳步前行与高质量发展。

① 习近平：《高举中国特色社会主义伟大旗帜 为全面建设社会主义现代化国家而团结奋斗——在中国共产党第二十次全国代表大会上的报告》，《人民日报》2022 年 10 月 26 日。

② 《习近平在山东考察时强调 切实把新发展理念落到实处 不断增强经济社会发展创新力》，《人民日报》2018 年 6 月 15 日。

③ 本报评论部：《学会历史思维，掌握历史主动》，《人民日报》2023 年 9 月 20 日。

④ 习近平：《领导干部要读点历史》，《学习时报》2011 年 9 月 5 日。

学史立德。多学历史可以促进党员干部优良品德的塑造与确立，包括锤炼个人私德、培养为民公德和强化党性大德。我国历史上留下了许多有益的“先人传承下来的价值理念和道德规范”，比如“孝悌忠信、礼义廉耻、仁者爱人、与人为善……”，我们要从中汲取道德养分，提升修身齐家的私德和执政为民的公德。近现代以来，无数共产党人义无反顾地投身于伟大事业，为了全民族的解放独立、全人类的自由平等，不惜奉献出自己的宝贵生命。正是这一代又一代共产党人前仆后继、舍生忘死的崇高精神，铸就了共产党员熠熠生辉的高尚品德。当我们深入历史长河，用心去体会这种精神，真切感受党的力量和伟大之时，历史便会如同一剂珍贵的“营养剂”，滋养着我们的信念与意志，又似一服有效的“清醒剂”，时刻提醒我们保持警醒与坚定，使我们在时代的浪潮中不忘初心、砥砺前行，矢志不渝地为实现中华民族伟大复兴和人类的崇高理想而不懈奋斗。

学史赋能。多学历史可以赋予党员干部突出的能力，包括形成历史思维能力、增强政治鉴别能力和提高分析思考能力。强化历史学习，有助于我们自觉运用历史的深邃眼光去洞悉发展规律，把握前进方向，并切实指导现实工作。通过深刻总结历史经验教训，精准把握历史演进规律，清晰识别历史发展趋势，从而为迈向更加美好的未来奠定坚实基础。同时，还能够有力提升党员干部对国情民意的观察与判断能力，增强政治敏锐性，有效辨别历史虚无主义，在涉及政治原则和大是大非的关键问题上，始终保持头脑清醒、立场坚定、旗帜鲜明。通过坚持把马克思唯物史观与党史国史的具体实际相结合，同时系统学习历史哲学，广泛涉猎政治学、社会学等相关学科，可以提升应对复杂形势、解决复杂问题的能力。

学史生勤。多学历史可以激发党员干部勤奋创业的坚强意志，增强其在时代浪潮中的历史担当。强化历史学习，党员干部可以深切体会中华民族勤劳坚韧这一珍贵品质，传承中国人民自古以来勤奋自强的崇高价值追求。正如屈原所云“路漫漫其修远兮，吾将上下而求索”，意在告诫我们要秉持勤于探索的精神；张衡的名句“人生在勤，不索何获”，则深刻提醒我们应勤于实践；韩愈提出“业精于勤，荒于嬉”，更是警示我们要勤于精业。回首往昔，无数仁人志士为了实现民族独立和国家解放，日夜不懈、奋勇拼搏、接力前行，此乃天地之间至大之“勤”。党员干部理应从厚重的历史中大力汲取“勤则不匮”的伟大奋斗精神，以时不我待、只争朝夕的坚定决心，铆足干劲，全力以赴投身于党和人民交付于我们的壮丽事业之中，在新时代的舞台上书写无愧于历史与人民的辉煌篇章。

学史强绩。多学历史有助于党员干部树立正确的权力观、政绩观、事业观，强化宗旨意识。纵观诸多史实，皆清晰地昭示着一个颠扑不破的真理：得民心者得天下，失民心者失天下。通过加强历史学习，能够使党员干部更加清晰地明白人民是党的力量之源和胜利之本，进而从灵魂深处筑牢以民为本、人民至上的坚定信念。正确的权力观、政绩观、事业观，其核心要义就在于如何正确对待人民群众，竭尽全力为群众掌好权、服好务。党员干部应当通过学习党史国史，牢记党与生俱来的为民宗旨，把群众呼声作为第一信号，把群众需要作为第一选择，把群众满意作为第一标准，恪守为民之责，多谋为民之策，多办利民之事，以创新思维与务实举措创造性地开展各项工作，努力干出经得起实践、人民、历史检验的业绩。

历史照亮未来，奋斗成就伟业。新时代新征程，党员干部必须树立和践行正确的权力观、政绩观、事业观，立足中华民族伟大复兴战略全局和世界百年未有之大变局，精准把握时代发展的脉搏与节奏，全面审视全球风云的波谲云诡，通过对历史发展脉络的细致梳理，深入分析各种现象背后的演变机理，从朝代更迭、社会变革、文化传承等多方面去探寻内在逻辑和发展规律，进而不断提高自身的政治能力，在面对多元复杂的意识形态冲击、政治风险挑战时，能够始终保持坚定的政治立场、敏锐的政治洞察力以及精准的政治判断力；不断提高战略眼光，能够高瞻远瞩地谋划未来发展蓝图，在规划项目、推动工作等方面充分考虑长远利益与整体布局，善于捕捉稍纵即逝的发展机遇；不断提高专业水平，精通所在领域的业务知识与技能，积极学习前沿理论与实践经验，以专业、高效、创新的工作方式应对各类复杂艰巨的任务，勇于担当作为，直面问题、破解难题，努力在强国建设、民族复兴的奋斗征程中建功立业。

五、应对重大风险挑战的必然要求

“居安而念危，则终不危；操治而虑乱，则终不乱。”坚持居安思危、治不忘乱是我们党治国理政的重要经验，也是党员干部必须具备的政治能力。回顾党的百余年奋斗历程，我们党在国家内忧外患、民族危难之际诞生，一路走来有效防范化解了来自政治、经济、意识形态、自然界等各方面的风险挑战。新时代新征程，面对前无古人的开创性事业，面对人类历史上最为宏大而独特的实践创新，改革发展稳定任务之重、矛盾风险挑战之多、治国理政考验之大前所未有。党员干部唯有树立正确的权力观、政绩观、事业观，始终保持锐意进取、敢为人先、迎难而上的精神状态和奋斗姿态，才能在应对重大挑战、抵御重大风险、克服重大阻力、解决重大矛盾中积极担当作为、敢于善于斗争，战胜前进道路上的一切艰难险阻。

2019 年 9 月 3 日，习近平总书记在出席 2019 年秋季学期中央党校（国家行政学院）中青年干部培训班开班式发表重要讲话中强调，“我们面临着难得的历史机遇，也面临着一系列重大风险考验”，要求我们“头脑要特别清醒、立场要特别坚定”。2024 年 3 月 1 日，习近平总书记在出席 2024 年春季学期中央党校（国家行政学院）中青年干部培训班开班式上发表重要讲话中强调，要“敢于善于斗争，愿挑最重的担子、能啃最硬的骨头、善接烫手的山芋，在直面问题、破解难题中不断打开工作新局面”，深刻阐明了党员干部在新时代担当作为、可堪大用的实践路径。2024 年 7 月，党的二十届三中全会审议通过的《中共中央关于进一步全面深化改革、推进中国式现代化的决定》提出继续把改革推向前进的“六个必然要求”，其中一个重要方面就是“应对重大风险挑战、推动党和国家事业行稳致远的必然要求”。推进中国式现代化是一项全新的事业，前进道路上必然会遇到各种矛盾和风险挑战。特别是当前世界百年未有之大变局加速演进，局部冲突和动荡频发，全球性问题加剧，来自外部的打压遏制不断升级，我国发展进入战略机遇和风险挑战并存、不确定难预料因素增多的时期，各种“黑天鹅”“灰犀牛”事件随时可能发生。各类矛盾风险不是孤立存在的，它们相互交织、相互作用，形成错综复杂的风险综合体，在应对过程中稍有差池便极有可能引发难以预估且不可逆转的严重后果，还会向外蔓延扩散，致使更大范围遭受冲击与损害，甚至对社会稳定、经济发展、民生福祉等诸多方面带来深远且棘手的负面影响。

面对波谲云诡的国际形势、复杂敏感的周边环境、艰巨繁重的改革发展稳定任务，我们迫切需要勇于担当作为、关键时顶得住的党员干部。党员干部身处改革攻坚发展最前沿，是应对各类风险挑战的主力军。要切实增强防范化解重大风险挑战的本领，不仅要树立和践行正确权力观、政绩观、事业观，还要从增强实操技能入手，注重提升思维能力，以正确的理念认知应对风险挑战，打好风险治理“组合拳”，把发展建立在更加安全、更为可靠的基础之上。要自觉增强见微知著的能力，时刻保持如履薄冰的谨慎，不断修炼见叶知秋的敏锐，常观大势、常思大局，敏锐捕捉隐藏其中的风险挑战，化被动为主动，变“遇见”为“预见”。要打破惯性思维，树立极限思维，全方位、多角度假设可能出现的极端情况和风险，充分运用现代科技等手段排查、监测、预警各种风险隐患，及时发现掌握容易诱发重大突发事件的敏感因素和苗头性、倾向性问题，做到眼睛亮、见事早、行动快。要深入分析风险的趋势、特点、规律，坚持下先手棋、打主动仗，科学认识和准确把握新时代背景下风险的生成机理、演化规律和致灾原理，科学分析风险的性质类别、发展走向、传染渠道以及可能引发的次生风险、连锁反应，准确界定风险等级，精准绘制风险全景图，分类施策、防微杜渐，提早布局做好应对风险挑战的各项准备，通过强化分析预判和事前应对，不让小风险演化为大风险，不让个别风险演化为综合风险，不让局部风险演化为系统性风险[①]。党员干部只有深刻认识防范化解重大风险的重要性和紧迫性，以舍我其谁的气魄勇于担当，紧密结合实际情形变化，及时调整防范化解重大风险的思路策略与具体举措，不折不扣地落实好防范化解重大风险挑战的各项工作任务，方能在斗争历练中实现自我突破和持续发展，进而为民族复兴伟业保驾护航，成就国家昌盛、民族繁荣、人民幸福的伟大愿景。

与此同时，我们也要清醒地看到，当前党员干部队伍中不愿担当、不敢担当、不会担当、不善担当的问题还比较突出。这其中既有态度和认识的问题，也有工作作风和能力水平的问题，但归根结底是权力观、政绩观、事业观发生了偏差甚至扭曲异化。树立正确的权力观、政绩观、事业观，是我们党经受住风高浪急甚至惊涛骇浪重大风险挑战的必然要求。新征程上，党员干部要自觉做勇于担当作为的不懈奋斗者，树立正确的权力观、政绩观、事业观，愿挑最重的担子、能啃最硬的骨头、善接烫手的山芋，视挑战为机遇，事不避难、义不逃责，不断提高应对各种风险挑战的能力水平，在直面问题、破解难题中打开工作新局面。

六、解决百年大党独有难题的现实答案

我们党作为世界上最大的马克思主义执政党，已走过一百多年的光辉历程。党的二十大报告指出:“我们党作为世界上最大的马克思主义执政党，要始终赢得人民拥护、巩固长期执政地位，必须时刻保持解决大党独有难题的清醒和坚定。”这是“大党独有难题”命题被首次明确提出。在二十届中央纪委二次全会上，习近平总书记进一步用“六个如何始终”高度概括了大党独有难题的主要内容，即如何始终不忘初心、牢记使命，如何始终统一思想、统一意志、统一行动，如何始终具备强大的执政能力和

① 刘宏:《年轻干部要提高应对风险挑战能力》,《学习时报》2024年5月13日。

领导水平，如何始终保持干事创业精神状态，如何始终能够及时发现和解决自身存在的问题，如何始终保持风清气正的政治生态。并强调，解决这些难题是实现新时代新征程党的使命任务必须迈过的一道坎，是全面从严治党适应新形势新要求必须啃下的硬骨头。大党独有难题归根到底要靠大党自身力量来解决。党员干部是党和国家事业的中坚力量，其素质和能力直接关系到党的事业发展的成败。解决好大党独有难题，需要党员干部始终保持干事创业精神状态，树立正确的权力观、政绩观、事业观，用实际行动担责担险担难，以坚强的党性推动百年大党不断焕发出新的生机活力。

解决大党独有难题与正确权力观、政绩观、事业观密切相关。树立正确的权力观、政绩观、事业观，是党员干部干事创业的思想基础，直接影响党员干部的选择和行为。正确的价值导向和思想观念是执政绩效的前提，能够有效提高党员干部的执政能力和领导水平。习近平总书记曾强调“干事创业一定要树立正确政绩观”，一些党员干部之所以出现这样那样的问题，究其原因，很大程度上都与权力观、政绩观、事业观不正确有关。

正确的权力观对于解决大党独有难题有着积极作用。今天，我们党已发展成为一个拥有 10027.1 万名党员、525 万个基层党组织的世界上最大的马克思主义执政党，由于规模庞大、组织层级多、掌握的权力资源丰富，在权力运行过程中面临着更大的风险。如果我们的党员干部不能树立正确的权力观，就容易出现权力滥用、以权谋私等问题。树立正确的权力观，能够使党员干部认识到权力来自人民，必须为人民服务，为解决大党在权力运行中可能出现的腐败难题提供了价值导向。同时，正确的权力观促使党员干部自觉接受监督，强化自我约束。这种自我约束能够形成良好的政治生态，减少决策失误和不良行为的发生，有助于确保权力在正确轨道上运行，提高党的公信力和执行力，为解决大党独有难题创造良好的内部环境。

正确的政绩观对于解决大党独有难题有着重要作用。我们党要实现长期稳定发展，需要党员干部树立正确的政绩观，注重长远利益和可持续发展，避免为了短期政绩而盲目决策、搞形象工程，从而确保党的各项工作符合国家和人民的根本利益，为解决大党在发展过程中面临的各种矛盾和问题奠定基础。正确的政绩观要求党员干部以对人民负责的态度，真抓实干，创造出经得起历史、实践和人民检验的政绩。在面对各种复杂的社会问题和发展挑战时，如果没有正确的政绩观，就可能出现急功近利、形式主义等不良倾向，无法真正解决人民群众的关切和需求，进而影响党的公信力和凝聚力。有了正确的政绩观，党员干部会更加注重工作的实际效果，摒弃形式主义和表面文章，脚踏实地、埋头苦干。这种务实的工作作风、责任担当能够激发党员干部的积极性、执行力和创造力，共同为解决大党独有难题贡献力量。

正确的事业观对于解决大党独有难题也不可或缺。坚持干事创业是解决大党独有难题的实然之举。非凡之事业，非凡之担当。党员干部树立正确的事业观，将党的事业作为自己的终身追求，这样可以凝聚起强大的奋斗力量，使党员干部在面对各种困难和挑战时，始终保持坚定的信念和高昂的斗志，为解决大党独有难题提供精神动力。同时，正确的事业观能够引导党员干部在工作中始终坚持党的路线方针政策，把握正确的发展方向。只有确保方向正确，才能有效应对各种风险和挑战，不断解决大党独有难题。新时代是干事创业的伟大时代，新征程是拼搏奋斗的广阔舞台。对于党员干部来说，干事担事是职责所在、价值所在，工作中要多办、办好打基础和利长远的事，既不回避历史遗留问题，也不把问题留给后来人，以担当作为、改革创新的奋斗姿态和踔厉奋发、勇毅前行的精气神儿，坚持重实干、务实功、求实效，努力干出经得起历史、实践和群众检验的一流业绩，为我国强国建设、民族复兴伟业作出应有贡献。

第二章

新时代党员干部“三观”的基本涵义

正确权力观、政绩观、事业观是党员干部从政的基本价值取向，直接影响其履职尽责和干事创业的思想基础。这些观念不仅是世界观、人生观、价值观的重要体现，还决定着能否创造经得起历史和人民检验的实绩。权力观、政绩观、事业观是内在统一的，彼此相互联系、相互制约、互为作用。党的十八大以来，习近平总书记反复强调要树立正确的权力观、政绩观、事业观。党员干部特别是领导干部，要全面学习领会习近平总书记的“三观”要求，深刻理解“三观”的精神内涵，以实际行动、务实作风践行“三观”。

立党为公、执政为民，是中国共产党执政理念的核心。对于广大党员干部来说，手中的权力和履职的岗位都是党和人民所赋予的，树立正确的权力观、政绩观、事业观，不仅是践行党的宗旨、使命的基本工作要求，更是衡量党员干部党性、作风和担当的重要标尺。在以中国式现代化全面推进强国建设、民族复兴伟业的关键时期，面对新目标、新任务，党员干部唯有以正确“三观”为底色，才能始终保持奋斗姿态，积极担当作为、敢于善于斗争，不断作出新业绩、新贡献，为推进强国建设、民族复兴伟业作出应有的贡献。

一、正确权力观：权力从何而来、权力为谁而用

权力观是指人们特别是执掌国家政权的人对待政治权力所涉及的基本问题的观点、看法和态度。权力观旨在回答“权力从何而来、权力为谁而用”的问题。习近平总书记从党和国家事业发展的战略全局出发，紧密联系新时代全面从严治党形势需要，围绕如何牢固树立正确的权力观提出了一系列重要论断，如“马克思主义权力观概括起来是两句话：权为民所赋，权为民所用”[①]，“领导干部无论官当多大、权有多重，都只有为人民服务

① 转引自王成国：《自觉树立和践行新时代党员干部“三观”》，《学习时报》2023年10月23日。

的义务。而且官越大、权越重，为人民服务越应该作出成绩，越应该把人民群众利益放在行使权力的最高位置，把人民群众满意作为行使权力的根本标准”[①]，要“把权力关进制度的笼子里”[②]。这些重要论述，深刻揭示了社会主义国家权力的来源、本质、价值取向、运行准则、制约机制，把对马克思主义权力观的认识推向新的高度，为新时代加强党员干部权力观教育提供了重要指导和根本遵循。在权力观、政绩观和事业观中，权力观是基础，是起决定性作用的，政绩观和事业观皆由权力观派生。有什么样的权力观，就有什么样的政绩观、事业观。所以要树立正确的政绩观、事业观，首先必须树立正确的权力观。

（一）权力的来源与本质

权力是党员干部在履行职责时被赋予的一种影响力、控制力和支配力，是维护社会存在、推动社会变革、促进社会发展的一种强制力量。马克思主义权力观概括起来是两句话：权为民所赋，权为民所用。前一句指明了权力的根本来源和基础，后一句指明了权力的根本性质和归宿。作为党员干部，若要真正用好权力，必须对权力有一个全面清醒的认识，深刻理解其本质和内涵，认清权力是什么，牢固树立正确的权力观。

1. 权为民所赋

“问渠那得清如许，为有源头活水来。”弄清楚权力从哪里来，这是每个党员干部必须搞明白的问题，只有清楚手中权力的来源，才能明白谁是权力真正的主人，才能敬畏权力、珍惜权力、管好权力、慎用权力。

人民是权力的主体和本源，这是无产阶级政党同其他政党在权力观方面的本质区别，是由中国共产党的马克思主义政党性质、中国的社会主义国家性质所决定的。我国宪法明确规定：“中华人民共和国的一切权力属

① 习近平:《领导干部要树立正确的世界观权力观事业观》,《学习时报》2010年9月6日。

② 《中共中央关于党的百年奋斗重大成就和历史经验的决议》,《人民日报》2021年11月17日。

于人民。”这就从国家根本大法上明确规定了权力的来源和归属。党员干部应清醒认识到自己手中的权力来自人民，始终牢记为人民服务的宗旨，把人民群众的利益放在首位，做到权为民所用、情为民所系、利为民所谋，绝不能把权力作为“私有财产”，以权为荣、以权谋私。

权为民所赋，首先是要坚持权力的根本来源和基础都来自人民群众。马克思主义认为，人民群众是物质财富和精神财富的创造者，是推动社会发展的决定力量，是人类历史的创造者，也是国家一切权力的主体和最终来源。列宁在论述共产党的政权时指出：“新政权是大多数人的专政，它完全是靠广大群众的信任，完全是靠不加任何限制、最广泛、最有力地吸引全体群众参加政权来维持的。”[①] 在关于权力赋予的问题上，毛泽东多次申明：“我们的权力是谁给的？是工人阶级给的，是贫下中农给的，是占人口百分之九十以上的广大劳动群众给的。我们代表了无产阶级，代表了人民群众，打倒了人民的敌人，人民就拥护我们。共产党基本的一条，就是直接依靠广大革命人民群众。”[②] 习近平总书记强调，我们的“党员、干部特别是领导干部要清醒认识到，自己手中的权力、所处的岗位，是党和人民赋予的，是为党和人民做事用的，只能用来为民谋利”[③]。

权为民所赋，还要保持对人民的敬畏之心，坚持人民主体地位。从理论上讲，权力来源于谁，就必然要对谁负责。在社会主义国家，人民是国家的主人，但现实中每个人直接管理国家所有事务又有明显的执行困难。因此，在中国，广大人民通过参与民主选举产生各级人民代表大会作为国家权力机关，由它选举人民政府作为国家权力机关的执行机关，代表人民行使管理国家的权力。政治权力其本质是公共意志的象征，它来源于人民，只能代表并服务于公共利益。公职人员的政治权力都不是天生的、绝

① 《列宁全集》第 39 卷，人民出版社 1986 年版，第 378 页。

② 《毛泽东著作专题摘编》（上），中央文献出版社 2003 年版，第 277 页。

③ 《习近平在参加内蒙古代表团审议时强调 坚持人民至上 不断造福人民 把以人民为中心的发展思想落实到各项决策部署和实际工作之中》，《人民日报》2020 年 5 月 23 日。

对的、永久的，更不是专属于某一个人的私有财产和谋利工具，它能够被赋予，也能够被免除收回。因此任何人都不能因为常居其位手握权力而忘乎所以，而要对权力时时抱有敬畏谨慎之心[①]。毛泽东曾形象地比喻："我们共产党人好比种子，人民好比土地。我们到了一个地方，就要同那里的人民结合起来，在人民中间生根、开花。"[②]中国共产党自诞生到成为执政党，始终坚信人民群众是党的力量源泉和胜利之本。习近平总书记指出："我们取得的一切成就，都是党和人民一道奋斗出来的。"[③]因此，必须始终坚持人民在建设中国特色社会主义事业中的主体地位，始终坚持一切为了群众、一切依靠群众，坚持全心全意为人民服务的宗旨，以人民的需求为导向，不断将人民对美好生活的向往转化为生动现实，让人民切实成为中国特色社会主义事业蓬勃发展的最大受益者与最坚定支持者，进而汇聚起推动国家不断向前发展的磅礴力量。

2. 权为民所用

作为党员干部，树立什么样的权力观，如何正确看待和行使手中的权力，如何解决好"为谁用权"等问题，不仅关系到自身的形象和命运，还关系到党的执政根基是否稳固，甚至关系到党和国家的前途命运。

权为民所用，就是以实现人民的利益为出发点来行使人民赋予的权力。权为民所用，指明了权力的根本性质和归宿。我们党始终把人民利益放在最高位置。毛泽东在党的七大报告中指出："我们共产党人区别于其他任何政党的又一个显著标志，就是和最广大的人民群众取得最密切的联系。全心全意地为人民服务，一刻也不脱离群众；一切从人民的利益出发，而不是从个人或小集团的利益出发；向人民负责和向党的领导

① 梁桂雪:《牢固树立正确的权力观》,《济宁日报》2024年2月22日。

② 中共中央文献研究室编:《毛泽东著作专题摘编》(上),中央文献出版社2003年版,第288页。

③《习近平在省部级主要领导干部"学习习近平总书记重要讲话精神，迎接党的二十大"专题研讨班上发表重要讲话强调 高举中国特色社会主义伟大旗帜 奋力谱写全面建设社会主义现代化国家崭新篇章》,《人民日报》2022年7月28日。

机关负责的一致性；这就是我们的出发点。”邓小平强调：“中国共产党员的含意或任务，如果用概括的语言来说，只有两句话：全心全意为人民服务，一切以人民利益作为每一个党员的最高准绳。”[①] 江泽民指出：“我们的干部必须时刻记住，自己手中掌握的权力是人民赋予的，只能用来为人民谋利益，绝不能用来为个人或小团体捞取好处，绝不能损害人民的利益。”[②] 胡锦涛指出：“我们手中的权力是党和人民赋予的，只能用来为广大人民谋利益。要树立正确权力观，坚持立党为公、执政为民，真正为人民掌好权、用好权。”[③] 习近平总书记强调：“我们的权力是党和人民赋予的，是为党和人民做事用的，姓公不姓私，只能用来为党分忧、为国干事、为民谋利。”[④]

党员干部手中的权力为谁服务，是一个根本性的立场问题。权力源自人民，也必须服务于人民。要坚持以人民为中心，始终把人民利益摆在至高无上的地位，把党的群众路线全方位贯彻到治国理政各项活动之中，依靠人民创造历史伟业。要坚持人人平等，坚决破除特权思想和特权现象。中国共产党党员永远是劳动人民的普通一员，除了法律和政策规定范围内的个人利益和工作职权，所有共产党员都不得谋求任何私利和特权。要全心全意为人民服务，不断满足人民对美好生活的新期待。要用人民赋予的权力为国家和人民干实事，从最困难的群众入手、从最突出的问题抓起、从最现实的利益出发，多办惠民生的急事、暖民心的难事、顺民意的好事，知民之所想、察民之所虑、亲民之所爱、解民之所需，充分体现权力服务于民的效度、力度和温度。

3. 权力是一种责任

有权必有责。权责对等、权责一体，是对马克思主义权力观的丰富发

① 《邓小平文选》第 1 卷，人民出版社 1994 年版，第 257 页。

② 《江泽民思想年编（1989—2008）》，中央文献出版社 2010 年版，第 185 页。

③ 《胡锦涛文选》第 2 卷，人民出版社 2016 年版，第 11 页。

④ 习近平：《做焦裕禄式的县委书记》，中央文献出版社 2015 年版，第 10 页。

展，也是中国共产党人干事创业的原则方法。权力与责任紧密相连，有多大的权力就要承担多大的责任。权力的本质是责任，责任是权力的正当性基础，两者相互依存、相互制约。

对广大党员干部而言，权力就是责任。毛泽东指出："我们的责任，是向人民负责。每句话，每个行动，每项政策，都要适合人民的利益，如果有了错误，定要改正，这就叫向人民负责。"[①] 邓小平指出："执了政，党的责任就加重了，共产党员的责任就加重了，我们领导干部的责任就加重了。我们要负担什么责任呢？在过去我们无非是闹革命，革命胜利以后，我们党执了政，掌了权，就要担负起把国家引导到社会主义道路去和进行建设的艰巨任务。"[②] 习近平总书记强调"权力就是责任，责任就要担当"[③]，"一切权力属于人民，决不能依据地位、财富、关系分配政治权力"[④]。

我们党来自人民、根植人民、服务人民，失去了人民拥护和支持，党的事业和工作就无从谈起。我们党始终将权力与人民联系在一起，认为权力是人民赋予的重托，是为人民服务的责任，要确保党和人民赋予的权力始终用来为人民谋幸福。如果把权力当成私有财产和利己工具，而忽视权力的公共性、服务性等本质特征，就必然会导致滥用权力，使权力发生"异化"而导致腐败。当前，少数领导干部思想上还存在一些偏差，特别是有些领导干部把权力当作一种"风光"、一种"享受"，完全忘记了什么是责任。个别干部在提拔之前或升迁有望时，还没忘记责任，一旦提拔之后或升迁无望时，则放松责任，甚至放弃责任，主要原因就在于没有摆正权力与责任的关系，只讲权力、不讲责任，背离了权力的本质[⑤]。

权力不是用来谋取私利的工具，它是一把"双刃剑"，用得好，可以

① 中共中央文献研究室编：《毛泽东著作专题摘编》（下），中央文献出版社 2003 年版，第 1879 页。

② 《邓小平文选》第 1 卷，人民出版社 1994 年版，第 303 页。

③ 《中共中央政治局召开会议 审议〈中国共产党问责条例〉 中共中央总书记习近平主持会议》，《人民日报》2016 年 6 月 29 日。

④ 习近平：《坚持和完善人民代表大会制度 保障人民当家作主》，《求是》2024 年第 4 期。

⑤ 参见徐立：《领导干部正确用好权力需"四问"》，光明网 2022 年 3 月 23 日。

造福于民，服务社会；用不好，就会失信于民，贻害无穷。在权力与责任的天平上，如果过分看重职位和权力，责任和义务就会无足轻重，就会只想得好处、保位子，而不想尽义务、解决问题。党员干部任何时候都不要忘了权力的“双刃性”，任何时候都要记住权力既会带来自由也会带来枷锁，既能把人推向高峰也能使人跌入深渊，关键在如何正确对待权力，把控好使用权力的“度”。

权力是责任也是义务。新时代新征程，广大党员干部要树立强烈的责任意识，以高度的责任感和使命感，正确用权、敢于用权、善于用权。对待权力，要心存敬畏、始终怀有戒惧之意，决不能趋之若鹜，更不能徇私枉法、以权谋私，要筑牢慎权慎行的防火线；要时刻如履薄冰，坚守政治纪律的底线，淡泊名利、坦然处之，把权力关进制度的笼子里、置于群众监督的阳光下。这样，才能为己避祸、为党分忧、为国奉献、为民造福，才能真正掌好权、用好权，为人民群众办实事、解难题，也才能使党的执政地位如钢铁一般，使党的事业永远立于不败之地。

（二）权力的运行准则

广大党员干部手中的权力是党和人民赋予的，只能用来为党分忧、为民谋利。党员干部特别是领导干部是掌握权力的关键少数，防范用权风险是对待权力的应有态度。2022 年 3 月 1 日，习近平总书记在中央党校（国家行政学院）中青年干部培训班开班式上发表重要讲话时强调，要守住权力关，始终保持对权力的敬畏感，坚持公正用权、依法用权、为民用权、廉洁用权。

1. 公正用权

公平正义是我们党追求的一个非常崇高的价值。回望党的百余年奋斗历程，立党为公、公正无私是我们党作为马克思主义政党的鲜明特征，一心为公、两袖清风是共产党人的显著标志。

“公则不为私所惑，正则不为邪所媚。”公正是中华优秀传统文化中的精髓之一，在为政者的官德操守中占据着极其重要的地位，也是为世人认可的价值观念。手握公权力，党员干部代表的是人民的利益，是代表人民行使权力，为人干事应当时时谨记公正二字，事事都力求做到公公正正。但是现实中，一些党员干部却做不到公私分明、秉公用权。有的想问题、办事情“不怕基层不满意，只怕领导不注意”；有的为官做事有利于自己的就干，不利于自己的就不干；有的习惯当“老好人”“太平官”，遇到不公平的人和事，不敢较真碰硬，在维护公平正义上发挥不了作用，等等。当权力的边界因私利而模糊、当权力的天平因私欲而倾斜，最终破坏的是公平正义的环境，贻害的是党和人民的事业。因此，党员干部一定要清醒认识到手中的权力姓“公”不姓“私”，时刻牢记党中央“公权为民，一丝一毫都不能私用”的告诫，不弄权、揽权、越权，更不持权自重、以权谋私。公正用权不分亲疏，一视同仁，不以人划线，不以私情废公事，不拿原则作交易，不夹带个人感情。

做到公正用权，党员干部首先自身要公道正派。公道正派是一种政治品格、一种思想作风、一种人格力量，是党员干部立身之本、为人之道、处事之基。党员干部要把公道正派刻在骨子里，做到对己清正、对人公正、对外平等。一是对己清正。要做到公道正派，前提和基础是对自己首先要正。孔子说：“其身正，不令而行；其身不正，虽令不从。”党员干部的一言一行、一举一动，都代表着党和政府的形象，都会被人民群众看在眼里、记在心上。党员干部只有心正、身正、行正，群众才认你、信你、服你。视人民为父母的县委书记的楷模焦裕禄，“绿了荒山，白了头发”的原保山地委书记杨善洲，全身心带领干部群众治理风沙的原东山县委书记谷文昌，忙碌到生命最后一刻的“樵夫”廖俊波……这些好干部之所以被人民群众长久铭记于心，就是因为他们有为党为国为民的公心，始终为人正直，办事公道[①]。二是对人公正。党员干部在为群众办实事的

① 湛天阳：《秉公用权才能赢得人心》，《中国纪检监察报》2024年4月8日。

过程中，要遵循“公平公开公正”的原则，对待来办事的人，一视同仁，不偏不倚，始终做到干部群众一个样、忙时闲时一个样、生人熟人一个样、对己对人一个样。三是对外平等。党员干部无论处于何时何地、何种情境之下，都务必做到心境沉稳、言行自律、坚守底线不动摇。同时，还应善于倾听来自各方的逆耳忠言，虚心接受批评和建议，勇于改正错误，不断完善自我。

做到公正用权，还必须正确处理公与私的关系。公与私的问题贯穿着党员干部工作、生活的全部过程，涉及方方面面。“一心可以丧邦，一心可以兴邦，只在公私之间尔”。如何对待公私关系，绝不是一桩小事，而是衡量人品官德好坏的一个重要标志。对于共产党人而言，更是检视党性强弱、觉悟高低的一面镜子。党员干部只有划清“公”与“私”的界限，才能当好人民公仆；如果思想上分不清公与私，行动上就会有偏差，作风和党性就会出问题。习近平总书记强调：“执政党对资源的支配权力很大，应该有一个权力清单，什么权能用，什么权不能用，什么是公权，什么是私权，要分开，不能公权私用。”[①]正确区分好公和私不是一蹴而就的，而是一项常说常新、不断进行的斗争。党的十八大以来，随着一体推进不敢腐、不能腐、不想腐的综合效应不断凸显，公私不分、公权私用、公私混乱等乱象得到明显遏制。但是，仍有少数党员干部在诱惑考验面前丧失警惕之心，将权力“公器”变成自己捞取好处的“私器”，出现了权力滥用、以权谋私乃至权力寻租等现象，损害了党和政府的威信和形象，败坏社会风气。共产党人的权力姓“公”不姓“私”。党员干部必须牢牢记住这一点，在工作和生活中严格区分公与私的界限，以身作则，公私分明，公道办事。

“公者千古，私者一时”。身为党员干部，应当对权力多一份珍惜和敬畏，只有自身行得正、端得平，遇事从公心出发，不以人情代替制度，不

---

① 《习近平关于党风廉政建设和反腐败斗争论述摘编》，中央文献出版社、中国方正出版社 2015 年版，第 129 页。

用感情代替原则，公正地行使权力，才能树立公道正派的良好形象，赢得人民群众发自内心的尊敬和认同。

2. 依法用权

法治兴则国家兴，法治衰则国家乱。权力不是可以为所欲为、随心所欲的，而是有边界的，必须在法治的规范内运行。习近平总书记在党的十九大报告中指出，依法治国是党领导人民治理国家的基本方式，任何组织和个人都不得有超越宪法法律的特权，绝不允许以言代法、以权压法、逐利违法、徇私枉法。全面依法治国是中国特色社会主义的本质要求和重要保障，是国家治理的一场深刻革命。实践证明，法治是现阶段规约权力的最有效手段，同时也是“依法治国”的题中之义。党员干部特别是各级领导干部在行使权力时必须做到合法合规，依照法定权限和程序行使权力，不越权、不滥用权力，不断提高依法执政的能力和水平，确保权力在法治的轨道上运行。

依法用权，首先要尊法学法守法用法。尊法、学法、守法、用法是一个环环相扣的有机整体，其中，尊法是第一位的。只有内心尊崇法治，才能行为遵守法律。能否处理好权和法的关系，是对领导干部法治素养最经常、最直接、最现实的考验，也是衡量国家法治水平的一个重要标志。现实中，有的干部不能正确对待权力，有了权就飘飘然，目无国法、肆意妄为；有的仍然信奉人治思想和长官意识，心中无法、以言代法；有的法治意识淡薄，有法不依、执法不严甚至徇私枉法……凡此种种，一个重要原因就是对国法没有敬畏之心，结果往往是个人身败名裂，还影响党和国家的形象和威信[①]。广大党员干部要带头尊法学法守法用法，牢固树立宪法法律至上、法律面前人人平等、权由法定、权依法使等基本法治观念，把法律作为判断是非和处理实务的准绳，重视依法执政本领的增强，把熟练掌握宪法法律知识、法治理念、法治精神作为履职尽责的基本条件，不断

① 参见李玉长：《自觉在法治轨道上用权》，《中国纪检监察报》2024 年 4 月 9 日。

提高运用法治思维和法治方式的能力，确保在法治框架内思考问题、开展工作，推动各项事务依法有序进行，形成良好的法治实践导向与行为示范效应。

依法用权，需准确把握权力边界，自觉在法治轨道上行使权力。党员干部手中的权力是有边界的。坚持依法用权，关键在于要做到法定职责必须为、法无授权不可为，自觉在法律的约束与制度的笼子中运用权力。党员干部要始终保持政治上的清醒与坚定，心中高悬法律的明镜，手中紧握法律的戒尺，清楚为官做事的尺度，明确何事可为、何事不可为，既要自觉在宪法法律规定的范围内活动，严格按照法定权限、规则和程序行使权力、履行职责，杜绝为官不为现象；又要严守权力边界，依据权力清单和法定界限行使权力，坚决防止乱作为、滥作为。切实将对法律的敬畏转化为自觉行动，时刻谨记法律红线不可逾越、法律底线不可碰触，带头遵守法律、带头依法办事，让权力在“安全线”内运行。

依法用权，其根本落脚点在于切实落实到厉行法治、依法办事的具体实践当中。党员干部在面对矛盾问题时，首先考量的是法治方式还是法外手段，是希望息事宁人还是坚定捍卫法律尊严，这些都考验着党员干部的觉悟水准、能力层级与担当程度。党员干部对手中权力要时刻怀有敬畏之心，牢记法律红线不可逾越、法律底线不可触碰，以身作则，率先垂范，带头遵守并执行法律，大力营造办事依法、遇事找法、解决问题用法、化解矛盾靠法的良好法治氛围。要做到在谋划工作时，以法治思维为根本导向；在处理问题时，自觉运用法治方式；在说话做事前，先考虑是否符合法律规定，从而不断强化自身运用法治思维和法治方式进行治理的能力水平。

3. 为民用权

为什么人的问题，是检验一个政党、一个政权性质的试金石。习近平总书记指出：“党员、干部特别是领导干部要清醒认识到，自己手中的权力、所处的岗位，是党和人民赋予的，是为党和人民做事用的，只能用来为民谋利。”[①] 中国共产党的根基在人民、血脉在人民、力量在人民。党的十八大以来，从“人民对美好生活的向往，就是我们的奋斗目标”，到“让老百姓过上好日子是我们一切工作的出发点和落脚点”，再到党的二十大报告强调“为民造福是立党为公、执政为民的本质要求”，坚持人民至上始终是新时代以来的一条主线。党员干部只有把人民放在心中最高位置、把群众关切作为根本指向、把群众是否满意作为重要标准，才能自觉把为人民服务贯穿于行使权力的全过程和各方面，权力才能用得其所。

党员干部手中的权力只能是为党和人民干事。只有始终以百姓之心为心，坚持权为民所用、情为民所系、利为民所谋，把群众的安危冷暖挂在心上，想群众之所想，急群众之所急，抓实做细事关群众切身利益的每项工作，真心诚意地为人民群众办实事、做好事、解难事，才能真正赢得民心。然而，现实中，有的党员干部拍脑袋决策，家长制作风，专断浮夸、奢侈浪费；有的“为官不为”，只要不出事、宁愿不做事，做一天和尚撞一天钟；有的把分管领域当成“私人领地”，把单位当成自己家的“一亩三分地”，利用权力、地位为个人或小团体谋取私利。这些党员干部权力观错位、扭曲、异化，说到底是忘记了权力的来源和本质，忘记了“为了谁、依靠谁、我是谁”，忘记了“我从哪里来，要到哪里去”。最终的结果也都表明，权力一旦被滥用，就会给党和国家的形象造成损害，自己也将万劫不复。

新征程上，党员干部特别是领导干部当谨记权力来自人民，为人民掌好权、用好权，这样才能造福社会、造福人民，才能与人民群众建立血肉联系，我们党才能立于不败之地。要自觉摆正位子、俯下身子、挑起担子，把人民拥护不拥护、赞成不赞成、高兴不高兴、答应不答应作为衡量一切工作得失的根本标准，把心系群众、情系百姓体现到履职尽责全过程各方面，及时回应人民群众合理诉求，切实把实事办实、小事办好、难事办妥，

① 《习近平在参加内蒙古代表团审议时强调 坚持人民至上 不断造福人民 把以人民为中心的发展思想落实到各项决策部署和实际工作之中》，《人民日报》2020年5月23日。

才能成为人民群众的知心人、暖心人、贴心人，创造出经得起实践、人民、历史检验的实绩。

4. 廉洁用权

“廉者，政之本也。”清正廉洁，是党员干部为官从政的基本底线。习近平总书记高度重视党员干部的廉洁自律问题，强调“对领导干部来讲，自身硬首先要自身廉”[①]，“领导干部特别是高级干部要明大德、守公德、严私德，做廉洁自律、廉洁用权、廉洁齐家的模范”[②]。党员干部尤其是领导干部作为“关键少数”，一言一行、一举一动都有着重要的示范引领作用，必须树立正确的权力观，带头廉洁自律、廉洁用权，始终做到自身正、自身硬、自身廉。

廉洁用权体现的是一名党员干部在面对怎样行使权力这一涉及权力观问题时的根本态度，即始终牢记“廉洁”这一要求，始终秉持一颗清廉之心、一股清风正气去做人做事、管权用权。回望历史，吴隐之“处可欲之地，而能不改其操”，公孙仪“嗜鱼而不受鱼”，杨震用“四知”拒金，子罕“以不贪为宝”，于谦“清风两袖朝天去，免得闾阎话短长”，以及“不持一砚归”的包拯、被康熙称为“天下廉吏第一”的于成龙，都因廉洁用权而青史留名。中国共产党自诞生之日起，就将清正廉洁作为共产党人必须具备的政治操守，始终与党的初心使命连接在一起。新时代以来，以习近平同志为核心的党中央把全面从严治党纳入“四个全面”战略布局，以猛药去疴、重典治乱的决心，以刮骨疗毒、壮士断腕的勇气，坚定不移“打虎”“拍蝇”“猎狐”，反腐败斗争取得压倒性胜利并全面巩固，党心民心更加凝聚，党在革命性锻造中更加坚强。实践证明，始终保持清正廉洁的政治本色，是我们党战无不胜、攻无不克的制胜法宝；党员干部廉洁自

① 习近平：《为实现党的二十大确定的目标任务而团结奋斗》，《求是》2023年第1期。

② 《习近平在中共中央政治局第六次集体学习时强调 把党的政治建设作为党的根本性建设 为党不断从胜利走向胜利提供重要保证》，《人民日报》2018年7月1日。

律的优良作风，是我们党始终得到人民群众衷心拥护和支持、形成强大凝聚力和战斗力、不断从胜利走向胜利的一个重要条件。

奋进新征程，尽管党风廉政建设和反腐败斗争取得了历史性成就，但反腐倡廉的考验依然严峻、任务依然艰巨。党员干部必须牢记清廉是福、贪欲是祸的道理，经常对照党章党规党纪审视自己的言行，在用权上保持廉洁自律，将老实做人、干净做事的要求内化于心、外化于行。要洁身自好、修身正己，要防微杜渐、守好底线，要破除特权思想、特权现象，还要发挥模范作用，带头践行廉洁自律，坚决同各种不正之风和腐败现象作斗争，做良好政治生态和社会风气的引领者、营造者、维护者。

（三）权力的制约和监督机制

邓小平曾告诫全党："我们拿到这个权以后，就要谨慎。不要以为有了权就好办事，有了权就可以为所欲为，那样就非弄坏事情不可。"[①] 习近平总书记深刻指出："只要公权力存在，就必须有制约和监督。不关进笼子，公权力就会被滥用。"[②] 权力运行的特点决定权力不论大小，只要不受制约和监督，都有可能被滥用。

我国的权力制约监督机制，是在党中央集中统一领导下的权力分工和协同，是党的领导和党的监督相统一基础上的制约监督。在党的集中统一领导下，坚持决策权、执行权、监督权既合理分工又协调制约，形成科学的权力结构和运行机制。这是立足中国国情、科学配置权力、强化权力制约、被实践证明有效管用的制度体系。我们党很早就开始探索实施权力运行制约和监督的制度。在中央苏区、延安时期，我们探索了一套对苏维埃政府、边区政府和革命根据地人民政权组织及其工作人员的监督办法。新中国成立后，我们对加强公权力监督进行了不懈探索。党的十一届三中全会后，党和国家各种监督制度逐步得到恢复和完善。党的十六大报告要求：

① 《邓小平文选》第 1 卷，人民出版社 1994 年版，第 303—304 页。

② 习近平：《在新的起点上深化国家监察体制改革》，《求是》2019 年第 5 期。

“加强对权力的制约和监督。建立结构合理、配置科学、程序严密、制约有效的权力运行机制，从决策和执行等环节加强对权力的监督，保证把人民赋予的权力真正用来为人民谋利益。”党的十七大报告提出：“要坚持用制度管权、管事、管人，建立健全决策权、执行权、监督权既相互制约又相互协调的权力结构和运行机制。”党的十八大报告提出：“要确保决策权、执行权、监督权既相互制约又相互协调，确保国家机关按照法定权限和程序行使权力。”党的十九大报告要求：“要加强对权力运行的制约和监督，让人民监督权力，让权力在阳光下运行，把权力关进制度的笼子。”① 党的二十大报告提出：“健全党统一领导、全面覆盖、权威高效的监督体系，完善权力监督制约机制，以党内监督为主导，促进各类监督贯通协调，让权力在阳光下运行。”党的二十届四中全会审议通过的《中共中央关于制定国民经济和社会发展第十五个五年规划的建议》对“完善党和国家监督体系”作出部署，要求“加强对权力配置、运行的规范和监督”。制约和监督相互联系、相互促进，有机统一于确保权力在正确轨道上运行的具体实践。广大党员干部要准确把握制约和监督的要义，真正把权力关进制度的笼子里，要弄明白法律规定怎么用权，什么事能干、什么事不能干，心中高悬法律的明镜，手中紧握法律的戒尺，知晓为官做事的尺度，强化制约和监督，让权力在阳光下运行。

1. 把权力关进制度的笼子

约束权力的最好办法是“把权力关进制度的笼子”里。法国著名哲学家孟德斯鸠在《论法的精神》一书中指出：“一切有权力的人都爱滥用权力，这是万古不变的经验，防止权力滥用的办法，就是用权力约束权力，权力不受约束必然产生腐败。”② 孟德斯鸠的这句话，一定程度上揭示了“把权力关进制度的笼子里”的极端必要性。党的十八大以来，习近平总

① 参见韩亚栋：《完善权力运行制约和监督机制》，《中国纪检监察报》2019 年 11 月 10 日。

② ［法］孟德斯鸠：《论法的精神》，上海三联书店 2009 年版，第 169 页。

书记多次强调要“把权力关进制度的笼子里”。把权力关进制度的笼子里，这既是对权力与制度关系的形象概括，也是回归权力本质的必然要求。无论处于什么职位、手握多大权力，广大党员干部都要牢固树立正确的权力观，始终坚持在制度规范的框架下行动。

第一，推动完善权力配置机制。厉行法治是完善权力配置和运行制约机制的基本前提。权力的取得、设定、行使方式和基本程序都应由法律法规加以明确规定，行使权力必须依照法定权限和法定程序，不能越权，也不能失职，更不能滥用权力。要坚持权责法定，依法配置权力和职能，明确职责定位和工作任务，健全分事行权、分岗设权、分级授权、定期轮岗制度，明晰权力边界，严格职责权限，规范工作流程，强化权力制约。加快推进机构、职能、权限、程序、责任法定化，督促党员干部自觉运用法治思维和法治方式推动工作，加强法律监督，做到法定职责必须为，法无授权不可为。

第二，实现权力运行制度化、规范化、程序化。权力运行必须依制度进行、按程序开展。严格遵循程序行使权力，意味着在行使法律赋予的权力时，必须遵循法律规定的步骤、方式和时限。这是法治原则的基本要求，也是确保权力合法、公正、有效行使的重要保障。要合理设定权力运行程序，健全运行程序规则，限制自由裁量权，防止减免、超越，甚至改变程序和规则；要按照规范和公开的原则，对行使权力的方式、顺序和时限做出明确、具体、严密的设定，建立相应的办事制度、时限制度、审批制度等，充分体现规范性和可操作性。

第三，推动完善用权公开机制。阳光是最好的防腐剂，公开是最好的监督。要坚持权责透明，推动用权公开，让权力在阳光下运行。完善党务公开、政务公开、司法公开和各领域办事公开制度，实行权力清单制度，健全权力运行过程的留痕、查询、追溯机制。积极推进电子政务建设，建立健全相应的听证制度、查询和咨询制度等，做到规则公开、程序公开、结果公开，让“暗箱操作”寸步难行。

第四，推动完善责任落实机制。有权必有责、用权受监督，是权力运行的基本原则。目前在权责配置上，还存在规定权力多、明确责任少，甚至是有权无责等现象，要让问责成为权力必须面对的“终考”。必须坚持权责统一，盯紧权力运行的各个环节，完善发现问题、纠正偏差、精准问责有效机制，压减权力设租寻租空间，切实做到管好关键人、管到关键处、管住关键事、管在关键时，特别是要把一把手管住管好，以强有力问责督促权力规范运行。

把权力关进制度的笼子里，是束缚，也是保护。所谓束缚，就是让权力在规定框架内更好地发挥作用，实现其取之于民、用之于民、造福于民的价值。保护，即是为了让掌权之人更好地抵御外界不良风气诱惑，在用权时不专权、不越权、不谋私，不沦为“苍蝇”“老虎”。把权力关进制度的笼子里，最理想的境界就是让权力自己走进笼子，要实现这一目的，还得拧紧理想信念这个“总开关”，也就是“不想腐的保障机制”。这就要求广大党员干部要加强思想建设，从思想上正本清源、固本培元，筑牢信仰之基、补足精神之钙、把稳思想之舵，确保在信念问题上不动摇，在信仰问题上不跑偏，以敬畏之心对待手中的权力，让权力完成从被迫进“笼子”到自觉进“笼子”的华丽蜕变。

2. 加强监督制约权力

权力关进制度的笼子以后，还要解决一个谁来监督权力、看管笼子的问题。马克思、恩格斯指出，一切公职人员必须“在公众监督之下进行工作”，这样“能可靠地防止人们去追求升官发财”和“追求自己的特殊利益”[①]。不断完善监督机制，是中国共产党对马克思主义权力观的一个重要发展。

监督是推进国家治理体系和治理能力现代化的应有之义，也是权力正确运行的根本保证。失去监督的权力，必然产生腐败，习近平总书记多次

① 转引自：《习近平关于党风廉政建设和反腐败斗争论述摘编》，中国方正出版社、中央文献出版社 2015 年版，第 128 页。

告诫全党，要把权力关进制度的笼子里。在我们党内，任何人都没有不受监督的特权，越是职位高的干部，越要自觉接受监督。现实中，一些人之所以犯错误、栽跟头，一个重要原因就是失去了有效的监督，在用权上自由度太大，活动空间太宽，个人欲望太多，成了上级监督不到、同级监督不了、群众监督无效的特权人物。加强监督制约权力，是我们党进行伟大自我革命的重要内容。党的十八大以来的实践充分证明，勇于自我革命、从严管党治党，是我们党最鲜明的品格。我们党要始终成为时代先锋、民族脊梁，始终成为马克思主义执政党，就是要敢于自我革命，敢于刀刃向内，敢于刮骨疗伤，敢于壮士断腕，防止祸起萧墙。新时代新征程，要不断完善监督协调机制，增强监督合力和实效，以党内监督为主导，推动各类监督有机统一、相互协调，构建科学、严密、有效的监督网，确保党和人民赋予的权力始终在正确的轨道上运行。

第一，健全党统一领导、全面覆盖、权威高效的监督体系，增强监督严肃性、协同性、有效性。统一领导就是强化主体责任，加强统筹协调，使监督贯穿于决策部署指挥、资源力量整合、措施手段运用的领导全过程。全面覆盖就是坚持有形覆盖和有效覆盖相统一，既抓“关键少数”，又管“绝大多数”，强化一把手监督和日常监督，紧盯权力运行重点环节和关键领域，合理分解、科学配置权力，严格职责权限，使监督寓于权力运行的全流程。权威高效就是创新体制机制，提升监督体系整体效能，不断提升党和国家监督体系科学化、制度化、法治化水平，使得各种监督更加规范、更加有效。

第二，以党内监督为主导，推动各类监督有机统一、相互协调。党内监督没有禁区、没有例外。习近平总书记指出，自我监督是世界性难题，是国家治理的哥德巴赫猜想。我们要通过行动回答“窑洞之问”，练就中国共产党人自我净化的“绝世武功”[①]。党内监督在党和国家的各种监督形

① 《习近平著作选读》第2卷，人民出版社2023年版，第126页。

式中是最基本的、第一位的，党内监督失效，其他监督必然失灵。只有以党内监督带动各类监督、完善监督体系，才能为全面从严治党和治国理政提供有力制度保障。要注重把党内监督与人大监督、民主监督、行政监督、司法监督、审计监督、财会监督、统计监督、群众监督、舆论监督等结合起来，构建各类监督贯通融合的大监督格局，形成常态长效的监督合力。

第三，强化政治监督，推进政治监督具体化、精准化、常态化。党的二十大报告要求“推进政治监督具体化、精准化、常态化”。政治监督是督促全党坚持党中央集中统一领导的有力举措，决定监督的方向和效果。要聚焦坚决做到“两个维护”，坚持党中央决策部署到哪里、政治监督就跟进到哪里，推动各级党组织和党员干部在思想上政治上行动上同以习近平同志为核心的党中央保持高度一致。一是推进政治监督明确具体，从具体任务、具体对象、具体内容、具体标准入手，保持高度的政治敏锐性，从政治上看、政治上查，把准政治方向、落实政治要求，善于从工作偏差中发现政治问题，从苗头性倾向性问题中发现政治端倪。二是推进政治监督靶向精准，坚持精准发现问题、精准分析问题、精准反映问题、精准推动解决问题。三是推进政治监督常态长效，注重创新方式方法，内部联动、外部协同，做到严在日常、抓在经常。

第四，完善日常监督机制，将监督触角深入党员干部的工作、学习和生活中。做实做细监督，重在日常、贵在有恒。完善日常监督机制，要抓早抓小、防微杜渐，对小事小节进行日常监督；要时刻提醒党员干部克服私心和欲望，守住防腐拒变“围猎”关口；要坚持靠前监督、主动监督、创新监督，在对象上聚焦“关键少数”“关键岗位”，准确把握权力运行的特点和规律，紧盯损害亲清新型政商关系、资金分配等重要环节，紧盯权力集中、资金密集、资源富集的重点领域和关键岗位，提高日常监督的针对性、实效性。

第五，拓展社会监督渠道，形成人民监督的强大合力。邓小平指出：

"我们需要实行党的内部的监督，也需要来自人民群众和党外人士对于我们党的组织和党员的监督。"① 人民群众监督有利于消除党内监督容易出现的盲区和死角，有效弥补党和国家监督的不足之处。新时代新征程加强社会监督尤其要发挥网络监督作用，要为网络监督建立通畅、高效、规范的主渠道，建立健全网络举报信息受理和处理机制。

监督是党和人民对党员领导干部政治生命的关爱。党员干部一定要提高认识、调整心态、摆正位置，正确对待监督，主动接受监督，习惯在监督下开展工作，决不能拒绝监督、逃避监督。

二、正确政绩观：政绩为谁而树、树什么样的政绩、靠什么树政绩

政绩观是对政绩的根本观点和总的看法，是党员干部世界观、人生观、价值观在从政行为中的具体体现。政绩观旨在回答"政绩为谁而树、树什么样的政绩、靠什么树政绩"的问题。2026 年 2 月，中办印发《关于在全党开展树立和践行正确政绩观学习教育的通知》。在全党开展树立和践行正确政绩观学习教育，是贯彻落实党的二十届四中全会战略部署、确保基本实现社会主义现代化取得决定性进展的必然要求，是践行党的根本宗旨、夯实党的执政根基的重要举措，是巩固拓展党内集中学习教育成果、持之以恒推进全面从严治党的有效途径，对于推进党和国家事业、对于推进全面从严治党意义重大。

政绩观问题是一个根本性问题，关乎立党为公、执政为民。党的十八大以来，习近平总书记高度重视政绩观问题，围绕"政绩为谁而树、树什么样的政绩、靠什么树政绩"发表一系列重要论述，二十届四中全会以后又在多次重要讲话中反复强调要树立和践行正确政绩观，在"十五五"开局的关键节点，殷殷嘱托、谆谆教诲，有着深刻的实践指向和鲜明的问题

① 《邓小平文选》第 1 卷，人民出版社 1994 年版，第 215 页。

导向，为党员干部廓清政绩观问题的本质、把握正确政绩观的核心要义提供了根本遵循。

（一）政绩为谁而树

“政绩为谁而树”，这个问题关乎为谁执政、为谁用权、为谁谋利。我们党的宗旨是全心全意为人民服务，人民对美好生活的向往，就是我们的奋斗目标。对共产党人来说，人民始终是正确政绩观的核心，是党员干部干事创业的价值源头，也是我们党执政最深厚的基础和最大底气。党章明确规定：“党除了工人阶级和最广大人民群众的利益，没有自己特殊的利益。”习近平总书记强调要“把为民造福作为最重要的政绩”[①]，“共产党就是给人民办事的，就是要让人民的生活一天天好起来，一年比一年过得好”[②]，“要自觉做矢志为民造福的无私奉献者，始终把人民放在心中最高位置，树立和践行正确政绩观”[③]。

党员干部树立正确政绩观的根本是坚持人民至上，把为民造福作为最大的政绩。中国共产党从成立之日起，就始终把最广大人民根本利益放在心上，其一切理论和路线方针政策、一切工作部署和安排，都应该来自人民、为了人民，都应该坚持从人民利益出发。因此，作为党员干部，在谋划和推进工作过程中，必须始终坚持人民至上，坚持发展为了人民、发展依靠人民、发展成果由人民共享。要从人民群众的切身需要来考量，把其作为想问题、谋发展、抓落实的根本出发点和落脚点，用心用情用力解决人民群众急难愁盼问题，把好事实事做到群众心坎上。要把人民对美好生活的向往作为奋斗目标，从实际出发、从长远出发、从人民利益出发，不计较个人功名，实事求是、脚踏实地地干事创业。

---

① 《习近平在参加内蒙古代表团审议时强调 坚持人民至上 不断造福人民 把以人民为中心的发展思想落实到各项决策部署和实际工作之中》，《人民日报》2020 年 5 月 23 日。

② 新华社记者：《坚持在发展中保障和改善民生》，《求是》2022 年第 16 期。

③ 《习近平在 2024 年春季学期中央党校（国家行政学院）中青年干部培训班开班之际作出重要指示强调 牢记初心使命顽强拼搏进取 奋力跑好历史的接力棒》，《人民日报》2024 年 3 月 2 日。

（二）树什么样的政绩

“树什么样的政绩”，这个问题关乎政绩检验标准。中国共产党把为老百姓做了多少好事实事作为检验政绩的重要标准。习近平总书记强调：“既要做让老百姓看得见、摸得着、得实惠的实事，也要做为后人作铺垫、打基础、利长远的好事，既要做显功，也要做潜功，不计较个人功名，追求人民群众的好口碑、历史沉淀之后真正的评价。”[①] 中国特色社会主义事业是经济、政治、文化、社会、生态文明建设相互协调相互促进的事业。我们看政绩，就要注重全面性，既看经济指标，也看民生指标、生态指标；既看当前发展状况，也看发展的可持续性；既看显绩，又看潜绩。如果只盯着单一指标，忽视其他工作，忽视发展的整体性、系统性、协同性，那么政绩观就会出现偏差。

习近平总书记指出，“要树立正确政绩观，处理好稳和进、立和破、虚和实、标和本、近和远的关系”[②]。这五大辩证关系蕴含着丰富的马克思主义哲学意蕴，构成了正确政绩观的重要内涵。理解“树什么样的政绩”，党员干部就要将这五大关系贯彻到具体工作中，切实用正确政绩观武装头脑、推动工作、创造业绩。

1. 处理好稳和进的关系

习近平总书记指出：“为官一方，为政一时，当然要大胆开展工作、锐意进取，同时也要保持工作的稳定性和连续性。”[③] 这一重要论述阐明了处理好稳和进关系的必要性、重要性，是党员干部贯彻坚持“稳中求进”工作总基调、以正确的政绩观干事创业的基本遵循。稳和进是事物两种状态的辩证统一，二者互为条件、相辅相成。其中，稳是前提、是基础，进

① 《习近平李克强王沪宁赵乐际韩正分别参加全国人大会议一些代表团审议》，《人民日报》2018年3月9日。

② 《习近平春节前夕赴云南看望慰问各族干部群众 向全国各族人民致以美好的新春祝福 祝各族人民生活越来越好祝祖国欣欣向荣》，《人民日报》2020年1月22日。

③ 《习近平总书记系列重要讲话读本》，人民出版社、学习出版社2016年版，第292页。

是方向、是目标。稳强调发展的稳定、平稳的发展，进强调高质量的推进、高水平的前进。既不能忽视稳而盲目冒进，也不能只求稳而不思进取。当前，国内外形势严峻复杂，保持经济平稳运行挑战增多。能否处理好稳和进的关系，是对党员干部把方向、谋全局、防风险、攻难关能力的考验。党员干部要具有审时度势的眼光，主动适应时与势的新变化，准确把握稳与进的新要求，在应对变局、统揽全局中，用新理念、新思路、新举措统筹谋划稳和进，宜稳则稳、当进则进，找准结合点和平衡点，走出稳中求进的高质量发展之路。要练就攻坚克难的硬本领，不惧风险挑战，聚焦难点堵点，拿出迎难而上、知难而进的实干担当，把握稳和进的着力点和突破口，在破解难题中打开工作局面，一个工作接着一个工作干，循序渐进，一个业绩接着一个业绩干。

2. 处理好立和破的关系

立与破是辩证统一的关系，在立与破中前进是事物发展的基本规律。党员干部创造政绩、推动发展的过程，实质就是立和破相互依存又不断较量、此消彼长又循环往复的过程。逻辑上看，存在着“先破后立”和“先立后破”两种工作方法。前者强调破的首要性和重要性，后者强调立要做在破之前，没有立住之前，不要急于破。正如习近平总书记所指出，“不能把手里吃饭的家伙先扔了，结果新的吃饭家伙还没拿到手”[①]。坚持“破立结合”，关键是要统筹当前和未来、长期目标和短期目标、全局和局部、发展和安全的统一。当前，我国发展面临着前所未有的风险挑战，既有国内的也有国际的，既有传统的也有非传统的，复杂性、严峻性、不确定性不断上升。党员干部要有对世情、国情、党情变和不变的清醒认识和敏锐判断，要从实际出发谋篇布局，使提出的方案、作出的决策符合实际情况、符合客观规律、符合科学精神，而不能为了立而立、为了破而破；要多算

① 杜尚泽：《“不能把手里吃饭的家伙先扔了”（两会现场观察·微镜头·习近平总书记两会“下团组”）》，《人民日报》2022年3月6日。

全局账，跳出一地一域、一时一事的局限，把立和破放在党和国家事业全局来筹谋，厘清利弊关系，科学把握立和破；要多算长远账，拒绝浮躁心理、放下急躁心态，科学预判、谋定后动，多做打基础利长远的工作；要多算安全账，把发展这个第一要务与安全这个头等大事科学统筹起来，确保改革创新以更优策略、更高质量向前推进，在不断攻坚克难中取得经得起检验的一流业绩[①]。

3. 处理好虚和实的关系

虚与实是相辅相成的辩证关系，两者互为前提，不可或缺。习近平总书记曾指出，如果说务实是"决胜千里之外"的实践，那么务虚则是"运筹帷幄之中"的谋划，两者可谓并蒂之花、相辅相成[②]。这段论述深刻阐释了务虚和务实的精神内涵和核心要义，揭示了务虚和务实的逻辑关系和紧密联系。务虚和务实，两者既相互区别，又辩证统一。务虚是对实际工作可行性、可操作性等进行探讨的过程，是从思想、政治、理论、政策等方面进行的理性思维活动；务实是对实际工作实化、细化、具化的过程，就是坚持一切从实际出发，察实情、谋实事、出实招、求实效。无论务虚还是务实，都来不得半点假的、空的。党员干部做工作要既重务实、又善务虚，使之有机结合、相得益彰。务虚做得好，才能"谋定而后动"，把形势看准、思路理清、事情干对；务实做到位，才能防止"纸上谈兵"，把情况摸实、问题抓实、工作做实。要坚决反对和克服形式主义、官僚主义，以"功成不必在我，功成必定有我"的境界格局真抓实干。要树立求真务实的政绩观，努力把功夫下在查实情、出实招、办实事上，用事实说话、用真实政绩来接受人民和历史的检验。

4. 处理好标和本的关系

标与本常用来概括说明事物的主次、本末、轻重、缓急，二者相辅相

---

① 参见李永涛：《处理好立和破的关系》，《解放军报》2024 年 5 月 16 日。

② 习近平：《之江新语》，浙江人民出版社 2007 年版，第 269 页。

成、有机统一。习近平总书记曾在不同场合对标和本的关系作出论述，指出“既要着力治标又要注重治本”[①]。治标是为了治本，治本才能巩固治标的成效。实践中把握好“标”和“本”的关系，关键是要做到“标本兼治”，避免陷入“头痛医头，脚痛医脚”的机械思维之中。然而现实中，一些党员干部干工作只重治标、不重治本，在处理问题时只关注问题的表面现象或当前表现，没有深入分析问题的本质和根源，导致问题反复出现，难以彻底解决。这就要求广大党员干部要提升政治定力、保持头脑清醒、把握发展大势，练就一双政治慧眼，善于从全局和长远观察、思考和处理问题，做到判断上识标知本、谋划上盯标瞄本、评价上观标察本。尤其是要树牢“既要治标，更重治本”的政绩观取向，坚决纠正“重治标，轻治本”的行为偏差，坚决挤压“治标是本事、治本是后事”的思想空间，坚决克服“单治标，不治本”的形式主义，做到强力治标与长效治本相结合，这样才能不辜负党和人民的重托、不辜负这个伟大时代。

5. 处理好近和远的关系

近和远是辩证统一的关系，二者相互统一、密不可分。立足当前、着眼长远，把近和远结合起来，既是认识论，也是方法论；既是工作要求，也是行动指南。只有坚持近与远相互衔接、有机统一，科学统筹推进，才能事半功倍、少走弯路。党员干部要树立科学的政绩观，必须具备“功成不必在我”的精神境界和“功成必定有我”的历史担当，正确处理好近和远的辩证关系。要在“近”字上聚焦，既立足当下尽力而为，也要量力而行，决不可急功近利、竭泽而渔、杀鸡取卵。要在“远”字上着眼，以“风物长宜放眼量”的开阔胸襟做好“人无远虑必有近忧”的及早谋划，同时也要杜绝画饼充饥、纸上谈兵、望梅止渴。要找准当前与长远结合的发力点，在衔接上下功夫，既要做让人民群众看得见、摸得

① 《习近平在听取河北省委党的群众路线教育实践活动总体情况汇报时指出 一鼓作气抓好第一批活动收尾工作 认真扎实做好第二批活动准备工作》，《人民日报》2013 年 12 月 10 日。

着、得实惠的实事，也要做为后人做铺垫、打基础、利长远的好事，既要做显功，也要做潜功[①]。对于那些事关长远、事关基础的工作，更要扎扎实实、稳步有序推进。虽然这些工作不显山露水，政绩也并非一目了然，但有助于各项事业全面发展、长足进步，更是真正对党、对人民、对历史负责的体现。

（三）靠什么树政绩

“靠什么树政绩”，这个问题关乎政绩的实现途径。树立正确政绩观，不是一蹴而就、一劳永逸的，而是终身课题。党员干部要持续强化自我修炼，提高综合素养和实践能力，贯彻新发展理念，不折不扣抓落实，严守纪律底线，以过硬本领创出新业绩、作出新贡献。

1. 强化党性锤炼

树立和践行正确政绩观，起决定性作用的是党性。党员干部只有党性坚强，摒弃私心杂念，才能保证政绩观不出偏差。要强化党的意识和组织观念，把对党忠诚、对人民忠诚贯穿到干事创业的全过程，做政治上的明白人。要坚持不懈用习近平新时代中国特色社会主义思想凝心铸魂，深刻领悟“两个确立”的决定性意义，不折不扣把习近平总书记重要指示要求和党中央各项决策部署落到实处。要守住拒腐防变防线，坚持从小事小节上守起，从高从严要求自己，打掉妄思、常修常炼；守住政治关、权力关、交往关、生活关和亲情关，经受住人民的检验。要持续发扬斗争精神，提升斗争本领，在经风雨、见世面中长才干、壮筋骨；要敢于直面困难，遵循斗争规律、用好斗争方法、讲究斗争策略，克服一个又一个困难，战胜一个又一个险阻。

2. 增强能力本领

打铁必须自身硬。党的十八大以来，习近平总书记对提升干部能力素

---

① 赵凯明：《树立正确政绩观须把握好“五大关系”》，《湖南日报》2023年6月15日。

质提出一系列新要求，包括增强“八种本领”、提高“七种能力”等。广大党员干部要时刻保持本领不够的危机感，坚持干什么学什么、缺什么补什么，积极查找不足，一刻不停增强本领。实践中，来自各方面的困难、风险、挑战会不断出现，党员干部必须勤学苦练、增强本领，做到既政治过硬又本领高强，才能担负起党和人民赋予的重任。要坚持好、运用好“六个必须坚持”，不断提高战略思维、辩证思维、系统思维、创新思维、历史思维、法治思维、底线思维能力；坚持实事求是、求真务实，从实际出发谋划事业和工作，不断提升政治能力、思维能力、实践能力；坚持知行合一、学做结合，依靠实践长才干、出业绩，不断增强推动高质量发展本领、服务群众本领、防范化解风险本领。新征程上，党员干部只有把勤学善做、不断提升能力本领当成一种生活态度、一种工作责任、一种精神追求，才能更好地适应新时代中国特色社会主义发展的要求，成为可堪大用、能担重任的栋梁之材。

3. 严守纪律底线

纪律规矩是我们党生存发展的保险杠、生命线，只有严守纪律规矩的底线红线，做到自重自省自警自励、慎独慎微慎始慎终，才能将正确政绩观一丝不苟落到实处。作为党员干部，遇到问题、作出决策、处理工作时，首先要从政治上想一想，对照党章、《关于新形势下党内政治生活的若干准则》、《中国共产党纪律处分条例》举一反三，做到纪律挺在前、底线不能越、责任扛在肩。只有对纪律规矩心存敬畏，党性定力才会足够强大，才能抵制住假政绩、伪政绩带来的虚荣和诱惑，一心一意去做为党分忧、为民谋利的实干家。党员干部要时刻以党纪党规修身正行，通过原原本本、逐字逐句学党章、学党内法规，对照改造思想、警醒自身、约束行为；经常用“显微镜”“放大镜”检视自身的“风纪扣”系得紧不紧、牢不牢，有没有沾染上“泥点”和“灰尘”，以严格的自我审查，时刻绷紧纪律规矩的弦，在任何时候任何情况下，都不违背党的原则，绝不触碰纪律规矩的红线底线。唯有如此，才能保证正确政绩观不淡化、不走样，内化于心、外化于行[1]。

4. 贯彻新发展理念

新发展理念是检验党员干部政绩是否符合时代要求的重要标尺。我们党领导人民治国理政，很重要的一个方面就是要回答好实现什么样的发展、怎样实现发展这个重大问题。新中国成立以后，党在社会主义建设规律的探索过程中，形成了一些符合我国国情的发展理论。毛泽东认为在社会主义发展中要处理好“十大关系”，邓小平强调“发展才是硬道理”，江泽民认为要把“发展作为党执政兴国的第一要务”，胡锦涛提出了“以人为本的科学发展观”。党的十八大以来，以习近平同志为核心的党中央在我国发展转型的关键阶段提出了创新、协调、绿色、开放、共享的新发展理念，顺应了时代要求。新发展理念是一个整体系统，集中反映了我们党对经济社会发展规律认识的深化，充分体现了党和国家事业发展的新要求，在推动高质量发展进程中不断满足人民群众对美好生活的新期待。习近平总书记指出：“要树立正确政绩观”，“坚持底线思维，强化风险意识，自觉把新发展理念贯穿到经济社会发展全过程”[2]。新时代新征程，党员干部要创造经得起实践、人民、历史检验的实绩，应该把思想和行动统一到新发展理念上来，深刻理解新发展理念的内涵、要求，时刻警惕思想偏差，弄清新发展理念所要求的政绩是什么样的，查找工作短板，找准发展路径，切实解决在构建新发展格局、推动高质量发展中的各种突出问题。同时，相关部门要充分发挥政绩考核的指挥棒作用，引导各级党员干部更加自觉地贯彻新发展理念。只要党员干部坚定不移贯彻落实新发展理念，用这样的理念来看待政绩，用这样的尺度来衡量政绩，踔厉奋发、笃行不怠，就一定能交出无愧于党和人民的优异答卷。

① 王明森：《树牢正确政绩观 创造经得起检验的实绩》，《陕西日报》2024年2月8日。

② 《习近平春节前夕赴云南看望慰问各族干部群众 向全国各族人民致以美好的新春祝福 祝各族人民生活越来越好祝祖国欣欣向荣》，《人民日报》2020年1月22日。

5. 坚持狠抓落实

一分部署、九分落实。党的十八大以来，习近平总书记围绕狠抓落实作出一系列重要论述，强调“要把抓落实作为开展工作的主要方式，动脑子、想办法，拿出真招实招来，切实把党中央决策部署的各项任务一项一项抓好”①，“不注重抓落实，不认真抓好落实，再好的规划和部署都会沦为空中楼阁”②。抓落实是衡量党员干部党性和政绩观的重要标志。我们党之所以能够打赢脱贫攻坚战、全面建成小康社会，推动党和国家事业取得历史性成就、发生历史性变革，一个重要原因就在于以钉钉子精神抓部署、抓落实，不获全胜决不收兵。事实证明，抓好落实，我们所投身的事业就会如蓬勃生长的参天大树，充满无尽的生机与活力；倘若抓不好落实，再好的蓝图也只是镜中花、水中月，无法化为现实中的辉煌成就。新时代新征程，党员干部要坚持务实功、出实招、求实效，以“马上就办、真抓实干”的态度、“踏石留印、抓铁有痕”的劲头、“锲而不舍、驰而不息”的精神，推动各项政策落地落细落实。针对迫在眉睫的当务之急，要立说立行、紧抓快办，坚决杜绝拖泥带水、行动迟缓；对需要长期推进的艰巨任务，则要保持战略定力和历史耐心，坚持一张蓝图绘到底，凭借持之以恒的不懈努力，积跬步以至千里。要提高政治站位，强化思想认识；注重方式方法，提升落实能力；强化责任担当，确保落实到位；凝聚各方力量，形成工作合力，努力把工作做扎实、做到位，创造经得起历史和人民检验的实绩。

6. 健全有效防范和纠治政绩观偏差工作机制

党的二十届三中全会审议通过的《中共中央关于进一步全面深化改革、

① 《中共中央政治局召开专题民主生活会强调 带头把不忘初心牢记使命作为终身课题 始终保持共产党人的政治本色和前进动力 中共中央总书记习近平主持会议并发表重要讲话》，《人民日报》2019 年 12 月 28 日。

② 《习近平在中共中央政治局第一次集体学习时强调 全面学习把握落实党的二十大精神 奋力夺取全面建设社会主义现代化国家新胜利》，《人民日报》2022 年 10 月 27 日。

推进中国式现代化的决定》提出："树立和践行正确政绩观，健全有效防范和纠治政绩观偏差工作机制。"党的制度建设带有根本性、全局性、稳定性、长期性。用好制度机制这一治本之策，对于有效防范和纠治政绩观偏差，引导党员干部忠诚履职、担当实干，十分必要。

加强教育培训机制。推动党员干部树立和践行正确政绩观，必须发挥教育培训先导性基础性战略性作用，健全以学铸魂、以学增智、以学正风、以学促干的长效机制。要把政绩观教育纳入各类培训必修课程，创新培训形式，督促党员干部深入学习领会习近平总书记关于树立和践行正确政绩观的重要论述，筑牢防范政绩冲动的思想堤坝。

完善干部考核机制。政绩考核是推动工作落实的重要抓手，也是引导干部树立正确政绩观的"指挥棒"。科学设置考核指标，改进推动高质量发展的考核评价体系，精准设置关键性、引领性指标，列出负面清单、划出底线红线，严格考核责任，提高考核质量。实际工作中，扎实做好平时考核、年度考核、专项考核、任期考核等工作，坚持考用结合，将考核结果与选拔任用、培养教育、管理监督、激励约束、问责追责等结合起来，推动干部在实现高质量发展上展现新作为、创造新业绩。此外，加强对干部政绩的综合分析，辩证地看主观努力与客观条件、前任基础与现任业绩、个人贡献与集体作用，用历史的眼光、辩证的方法、系统的思维认识评价党员干部的政绩。

深化干部人事制度改革。治国之要，首在用人；用人干事，重在导向。正确用人导向是指引干部成长进步、引领干部干事创业的风向标。推动党员干部树立和践行正确政绩观，必须坚持党管干部原则，落实新时代好干部标准，大力选拔那些政治过硬、敢于担当、锐意改革、实绩突出、清正廉洁的优秀干部，坚决不用那些政绩观不正的干部，推进干部能上能下常态化。要坚持把政治标准放在首位，把敢不敢扛事、愿不愿做事、能不能干事作为识别干部、评判优劣的重要标准，真正让实干有为者上得公平公正、让碌碌无为者下得心服口服、让原地踏步者实时警醒加压，树牢重实干重实绩的用人导向。

严格监督问责机制。防范和纠正政绩观出现偏差，贵在早防范、早发现、早解决，将党员干部政绩观问题控制在源头、发现在苗头、遏制在念头。要强化日常管理监督，从小处着手监督，把功夫下在平常、融入日常、做在经常，从严管住大多数。要有效发挥纪检监察监督、巡视巡察监督和审计监督的刚性约束作用，及时发现和纠治党员干部“堆盆景”、搞“形象工程”、数据造假等政绩观偏差问题。要用好问责这个利器，对查明属实、造成严重后果的严肃追责问责，对典型案例通报曝光，做到问责一个、警醒一片、提高一批。

三、正确事业观：采取什么样的态度和精神对待事业、追求什么样的事业目标

事业观主要是关于事业方向和事业道路的看法，决定了人们对待工作的根本立场和观点。事业观旨在回答“采取什么样的态度和精神对待事业、追求什么样的事业目标”的问题。党员干部作为人民的公仆、党和国家事业的中坚力量，其事业态度决定着工作的投入程度和成效，事业精神影响着自身的行为准则和价值取向，事业目标引领着前进的方向和奋斗的动力。从这个意义上讲，党员干部采取什么样的事业态度，遵循什么样的事业精神、追求什么样的事业目标至关重要，不仅关系到自身的成长与发展，更关乎党和国家事业的兴衰成败。只有以正确的事业态度、崇高的事业精神和明确的事业目标为指引，党员干部才能在新征程中更好地履行职责，为全面推进强国建设、民族复兴伟业贡献自己的力量。

（一）采取什么样的事业态度

干事创业，态度决定成败。很多时候我们讲职业精神、职业态度，对于党员干部来说，还必须有事业态度。事业态度决定着干事的成效和价值

取向。党员干部应以积极进取、忠诚担当、务实高效的事业态度干事创业，为党和人民的事业不懈奋斗。

1. 积极进取

积极进取是党员干部干事创业的动力源泉。在实际工作中，党员干部要敢于尝试新方法、新途径，面对复杂的问题和困难，不能安于现状、墨守成规，要积极思考，大胆探索，寻找解决问题的最佳方案。要始终保持对事业的热忱，敢于突破传统思维和模式，敢于承担风险，不怕失败，为推动事业发展注入新的活力。

首先，要有强烈的事业心和责任感。拥有强烈的事业心和责任感是迈向成功事业的基石。把工作当作事业来对待，用心去经营，以高度的敬业精神投入到每一项任务中。无论是在平凡的岗位上，还是在重大的挑战面前，都能以饱满的热情和坚定的信念去履行自己的职责。这种事业心和责任感不仅能让我们在工作中获得成就感，还能为我们赢得他人的尊重和信任，为事业的发展打下坚实的基础。

其次，要敢于挑战自我。在干事创业的过程中，安于现状只会让我们停滞不前。敢于挑战自我，意味着不断设定更高的目标，勇于突破舒适区，尝试新的事物和方法。也许在这个过程中会遇到困难和挫折，但正是这些挑战让我们不断成长和进步。挑战自我还包括积极学习新知识、新技能，提升自身的综合素质。新时代新征程，党员干部只有不断学习和更新自己，才能更好地适应不断变化的工作需求，才能在面对困难和挫折时不气馁、不退缩，以顽强的毅力和勇气去克服，展现出共产党员的坚韧品质。

最后，要勇于担当重任。勇于担当重任是一种高尚的品质，意味着在关键时刻能够挺身而出，主动承担起急难险重的任务。当面临困难和危机时，不退缩、不推诿、不扯皮，积极为解决问题出谋划策，为推动事业发展贡献自己的智慧和力量。担当重任不仅需要勇气，还需要智慧和能力。我们要不断提升自己的领导能力和决策水平，以便在承担重任时能够作出正确的判断和行动。

2. 忠诚担当

忠诚担当是党员干部应有的事业态度，它体现着对党的忠诚、对人民的负责，是推动党和人民事业不断前进的强大动力。忠诚是事业的基石，担当是事业的脊梁。作为党员干部，要以忠诚担当的事业态度，立足本职岗位，兢兢业业、无私奉献；要以对党和人民的高度忠诚，牢记初心使命，为实现中华民族伟大复兴努力奋斗；要以强烈的担当精神，勇于担当作为，积极投身到党和人民的事业中去，在新时代新征程中创造新的业绩。

一方面，要忠诚于党。坚定不移地贯彻党的路线方针政策，增强“四个意识”、坚定“四个自信”、做到“两个维护”。在思想上、政治上、行动上同以习近平同志为核心的党中央保持高度一致，自觉维护党的团结统一。坚决执行党的决定，不打折扣、不做选择、不搞变通，确保党的决策部署在实际工作中得到有效落实。以党的事业为重，以大局为重，不搞小团体、不搞个人主义，共同为实现党的奋斗目标而努力。另一方面，要忠诚于人民。始终把人民群众的利益放在首位，全心全意为人民服务。密切联系群众，倾听群众呼声，关心群众疾苦，切实为群众办实事、解难题。在工作中，要以人民群众的满意度作为衡量工作成效的标准，不断提高为人民服务的质量和水平。

同时，要敢于担当，就是要勇于承担责任。在面对大是大非问题时，要敢于亮剑，坚决同错误思想和行为作斗争。在工作中遇到矛盾和问题时，要敢于迎难而上，积极寻求解决办法。不能因为怕担责任而回避问题，更不能为了个人利益而损害党和人民的利益。

3. 务实高效

务实高效是一种重要的事业态度，对于党员干部来说，更是在为人民服务的道路上必须始终坚守和践行的准则。

第一，务实是干事创业的根基。务实意味着脚踏实地、从实际出发。党员干部秉持务实的事业态度，就是要将党的理论和方针政策真正落实到具体行动中。首先，要深入了解实际情况。不能仅仅坐在办公室里想问题、做决策，而要主动深入基层、深入群众，倾听他们的声音，了解他们的需求和困难。通过实地调研、走访等方式，掌握第一手资料，为制定科学合理的政策和解决方案提供依据。其次，要真抓实干。把工作重点放在解决实际问题上，不务空名，不做表面文章。对于确定的目标和任务，要以钉钉子的精神，一步一个脚印地去推进，确保每一项工作都能落到实处、取得实效。无论是在经济发展、社会治理还是民生改善等领域，都要以务实的态度去对待，切实为人民群众谋福祉。

第二，高效是推动事业发展的关键。高效意味着在最短的时间内取得最好的效果。新征程上，党员干部必须以高效的事业态度来应对各种挑战。一方面，要提高工作效率。学会合理安排时间和资源，优化工作流程，避免不必要的浪费和拖延。运用现代信息技术和管理方法，提高工作的自动化和智能化水平。同时，要加强团队协作，充分发挥每个人的优势，形成工作合力，提高整体工作效率。另一方面，要追求卓越的工作质量。高效不仅仅是速度快，更要注重质量。党员干部在工作中要树立精品意识，对每一项任务都要高标准、严要求，力求做到尽善尽美。不能因为追求速度而忽视质量，要在保证质量的前提下提高效率，实现速度与质量的有机统一。

第三，务实与高效相辅相成。务实和高效是相辅相成的，只有将两者有机结合起来，才能更好地推动事业发展。务实是高效的基础。只有通过务实的工作，了解实际情况，解决实际问题，才能为高效工作提供坚实的保障。如果没有务实的态度，盲目追求高效，可能会导致工作出现偏差和失误，反而影响工作效率。高效是务实的体现。在务实的基础上，通过提高工作效率，可以更快地解决问题，更好地实现目标。高效的工作能够让务实的成果得到更充分的展现。新时代新征程，作为党员干部，应始终秉持务实高效的事业态度，以脚踏实地的务实精神和雷厉风行的高效作风，为党和人民的事业贡献自己的智慧和力量，为推进强国建设、民族复兴伟业而努力奋斗。

（二）遵循什么样的事业精神

精气神是干事创业的源泉。党员干部鼓足精气神，是做好一切工作的重要前提。毛泽东曾说过："人是要有一点精神的。"① 邓小平也说过："没有一点闯的精神，没有一点'冒'的精神，没有一股气呀、劲呀，就走不出一条好路，走不出一条新路，就干不出新的事业。"② 习近平总书记在二十届中央纪委二次全会上阐述"大党必须解决的独有难题"时，其中一个重要方面就是"如何始终保持干事创业精神状态"。新时代新征程，面对强国建设、民族复兴的使命任务，最怕的不是重任在肩、道阻且长，而是锐气不足、畏首畏尾。作为党的事业的骨干，党员干部只有遵循奉献、创新、吃苦、敬业的事业精神，才能在新征程中展现新作为、创造新业绩。

1. 奉献精神

奉献是中华民族的传统美德，更是共产党人的重要精神特质。我们党自诞生伊始，就把奉献鲜明地写在自己的旗帜上。党的全部奋斗史、发展史，从根本上来说，也是一部用热血、汗水与智慧谱写而成的可歌可泣的奉献史。党员干部遵循奉献的事业精神，是党的性质和宗旨的必然要求，是新时代党和国家事业发展的迫切需要，也是党员干部职责所在、使命所系。新征程上，党员干部要以奉献精神作为指引方向的标识，立足岗位，拼搏进取，无私无畏，奋勇向前，用忘我奋斗书写无愧于新时代的事业新篇章。

奉献意味着无私付出。党员干部应摒弃私心杂念，不计个人得失，为党的事业和人民的利益贡献自己的一切。在工作中不图回报，不遗余力地投入时间、精力和智慧，积极主动地承担责任，为推动各项事业发展贡献自己的全部力量。无论是推动经济发展、加强社会治理，还是改善民生福祉，都全力以赴，以实际行动践行初心使命。

---

① 《毛泽东年谱（1949—1976）》第 3 卷，中央文献出版社 2013 年版，第 35 页。

② 《邓小平文选》第 3 卷，人民出版社 1993 年版，第 372 页。

奉献体现为舍己为人。在关键时刻，党员干部要毫不犹豫地挺身而出，为了保护人民群众的生命财产安全，不惜牺牲个人利益甚至生命。面对自然灾害、突发事件、重大危机，党员干部要冲锋在前，成为人民群众的主心骨和坚强后盾。用实际行动诠释对党的忠诚、对人民的热爱，展现出共产党人的高尚情怀和伟大品格。

奉献更是一种长期坚守。在平凡的岗位上，党员干部要耐得住寂寞，守得住清贫，经得起考验。不追求功名利禄，不贪图安逸享受，默默耕耘，无私奉献。以持之以恒的毅力和坚韧不拔的精神，为党和国家的事业持续贡献力量。在长期的奉献中，不断提升自己的境界和修养，成为人民群众敬仰和学习的榜样。

党员干部遵循奉献的事业精神，还能激发社会正能量，以自己的实际行动感染和带动身边的人，营造积极向上、团结奋进的工作氛围和社会风尚。引领广大人民群众共同为实现中华民族伟大复兴的中国梦而努力奋斗。总之，党员干部要始终牢记奉献的事业精神，以无私的付出、舍己为人的勇气和长期坚守的毅力，为党和人民的事业不懈奋斗，书写无愧于时代、无愧于历史、无愧于人民的壮丽篇章。

2. 创新精神

“惟创新者进，惟创新者强，惟创新者胜。”创新是一个民族进步的灵魂，是一个国家兴旺发达的不竭动力，也是中华民族最深沉的民族禀赋。中国共产党是富有开拓创新精神的伟大政党。发扬创新精神既是我们党鲜明的政治品格，也是共产党人强烈的责任担当。在当今快速发展的时代，科技进步日新月异，社会变革不断加速，党员干部只有不断激发自身的创新精神，才能应对新时代的挑战和机遇。

一是敢于突破。传统思维模式和条条框框往往会限制发展的脚步。党员干部敢于突破，就是要打破“惯性思维”和“路径依赖”，充分激发创造思维、大胆接受新兴事物，自觉走在改革发展的最前沿。要勇于挑战传统观念，敢于打破陈规陋习，以创新的思维、创新的行动，不断探索新的工作方法和思路，不断推动事业发展，社会进步。

二是勇于探索。未知领域充满了挑战，但也蕴含着无限的可能。党员干部要对未知领域充满好奇和探索欲望，积极主动地去发现新问题、寻找新答案。发现新问题，意味着不能安于现状，要敏锐地察觉社会发展中的各种潜在问题。例如，在科技创新领域，党员干部要关注前沿技术的发展趋势，及时发现可能对经济社会产生重大影响的新技术、新应用。寻找新答案则需要勇于尝试不同的方法和策略。比如，在生态保护方面，党员干部要不断探索可持续发展的新路径，为子孙后代留下天蓝、地绿、水净的美好家园。勇于探索的过程可能充满困难和挫折，但正是这种不断探索的精神，才能为解决问题提供源源不断的新思路和新方法。

三是善于创造。党员干部要具备创造性思维和创新能力。具备创造性思维，就是善于从不同的角度去洞察各种问题，突破常规的思维定式，提出独特的见解和解决方案。在工作中，党员干部要善于观察、善于思考，从日常工作的细节中发现创新的契机；要眼睛向下、脚步向下，经常深入基层一线，采用头脑风暴的方法，深入群众“聚众智”，让创新之泉充分涌流，让创造活力充分迸发；要立足发展实际、立足岗位职责、立足调查研究，主动关注工作中的难点和热点问题，积极发挥创新精神，创新工作方式和手段，在大胆探索中实现突破，提高工作效率和质量，持续为事业的发展注入新的活力。

3. 吃苦精神

艰苦磨练心志，奋斗磨练意志。回顾党的历史，正是在艰苦艰辛艰难的革命斗争环境中，才磨砺和锻造出了中国共产党人吃苦耐劳、艰苦奋斗的优秀品格，成为我们党战胜各种风险挑战、不断从胜利走向胜利的重要保证。今天，尽管我国经济社会发展取得了令人瞩目的辉煌成就，无论是物质资源的充裕程度，还是科技水平的提升幅度，抑或是生活环境的改善程度，都有了天翻地覆的变化，但吃苦耐劳的品质、艰苦奋斗的精神，新征程上依然需要党员干部继续保持和发扬。

一是吃苦耐劳。苦，是对环境艰难、形势严峻、局面复杂的写照，更是对人意志品质是否坚韧不拔的一种检验。吃得苦中苦，方为人上人。吃苦是人立业之根本。没有哪个人能随随便便成功，也没有哪个事业能随随便便做好，尤其是作为党和国家事业重要生力军的党员干部，更要保持肯吃苦、能吃苦的精神。吃苦，可以孕育正确的价值观和人生观，可以磨练坚强的决心、信心和恒心，可以锤炼能力、强化毅力，使人于困境中跨越险阻、奋勇前行。前进道路上，来自各方面的困难、风险、挑战还会不断出现，关键在于我们是否具备直面艰苦、战胜艰苦、驾驭艰苦的决心和本领。实践证明，越是面对艰难困苦，越不能退缩让步，越需要激发非凡定力和必胜勇气。身为党员干部，只有不畏艰苦、不避艰苦，通过吃苦锤炼党性、砥砺初心，方能切实有效地提升自身能力素养，进而建功立业。

二是艰苦奋斗。艰苦奋斗是我们党的传家宝。习近平总书记指出："我们党在革命、建设、改革各个历史时期都遇到了种种艰难险阻，我们的事业成功都是经过艰辛探索、艰苦奋斗取得的。"[①] 无数共产党人用实际行动展示了艰苦奋斗的力量，只有艰苦奋斗，才能成就伟大事业，没有艰辛就不是真正的奋斗，更不可能取得成功。新时代的长征路可谓危险道道、困难重重，但只要党员干部发扬艰苦奋斗优良作风、精神品质，立足工作岗位，恪尽职守担当，历经"千锤百炼"，定会"百炼成钢"。

4. 敬业精神

"凡百事之成也，必在敬之"。敬业是干好工作的前提。一个人对待事业、对待岗位的态度，不仅反映事业心责任感的强弱，更是政治品格、思想觉悟、道德修养的试金石。对广大党员干部而言，有什么样的事业精神，就有什么样的人生成就；有什么样的价值追求，就有什么样的责任担当。党员干部只有热爱自己的岗位、敬重自己的职业，不怕苦不怕累，他的身心才会与自己所从事的工作紧密结合在一起，进而开创工作新局面，实现

① 《习近平谈治国理政》第 1 卷，外文出版社 2018 年版，第 402 页。

事业新突破。

一是爱岗尽责。热爱自己的工作岗位，这不仅仅是一种态度，更是一种责任与担当。对工作充满着无尽的热情，每天以饱满的精神状态投入其中。认真履行自己的职责，无论是大事小事，都全力以赴，尽心尽力做好每一项工作。把工作当成毕生追求的事业，以高度的使命感和责任感去对待，不断提高工作质量和水平。积极主动地去探索更高效的工作方法，勇于尝试新的思路和途径，为实现工作目标而不懈努力。

二是精益求精。敬业不易，精业更难。对于党员干部来说，就是对工作始终保持高标准、严要求，把每一项任务都干到最好、把每一件事情都做到极致。从实践层面看，就是潜心谋事不懈怠、专心干事不推诿，做到想在前、抓在前、干在前；对具体任务始终精益求精、精耕细作，做到出成果、结硕果、有效果；对工作要求始终尽心推进、尽力落实，做到领着干、争着干、比着干。

（三）追求什么样的事业目标

干事创业不能仅凭一腔热情，必须瞄准目标、周密部署，做到谋定而后动。事业目标是党员干部工作的根本方向和价值追求。有了清晰的事业目标，有利于为党员干部提供明确的行动方向，使他们更加专注地投入工作，避免在琐碎的事务中迷失方向。我们党的最高理想和最终目标是实现共产主义，党的初心和使命是为中国人民谋幸福、为中华民族谋复兴。这就决定了广大党员干部的事业观就是为人民利益不懈奋斗、为中国特色社会主义伟大事业不懈奋斗。党员干部只有树立明确的事业目标，才能在新时代新征程中找准前进的方向，始终保持奋斗的激情和动力。

1. 为人民利益不懈奋斗

习近平总书记指出："我们的目标很宏伟，也很朴素，归根到底就是让老百姓过上更好的日子"[①]，"世界上最大的幸福莫过于为人民幸福而奋

① 《国家主席习近平发表二〇二四年新年贺词》，《人民日报》2024年1月1日。

斗”[①]。中国共产党从成立的那天起就把代表最广大人民的根本利益写在了自己的旗帜上。党来自人民、扎根人民、造福人民，作为党员干部，只有把人民对美好生活的向往作为奋斗目标，把人民的根本利益作为坚定的理想、信念和追求，才有前进的航标、奋斗的动力。

一切为了人民利益，是中国共产党的立党初心。对于党员干部来讲，党的一切工作都是为老百姓利益着想，让老百姓幸福就是党的事业，唯有将个人的人生理想融入党和人民事业之中，以造福人民为至幸，方能拥有高尚、充实的人生，彰显共产党人的卓然风范与精神高度。

新时代新征程，党员干部要始终把人民的利益放在首位，关注人民群众的需求和期望，不断提高人民群众的生活水平和质量。要把人民群众满意不满意、高兴不高兴、答应不答应作为工作的“方向标”，想群众之所想，急群众之所急，端正思想、提高认识，在解决群众每一个实际问题、办好群众每一件实事好事中，不断增强获得感和成就感。

2. 为中国特色社会主义伟大事业不懈奋斗

强国建设、民族复兴是近代以来中国人民的夙愿。自诞生之日起，中国共产党就自觉肩负起建设现代化强国、实现中华民族伟大复兴的历史使命。一百多年来，党领导人民浴血奋战、百折不挠，创造了新民主主义革命的伟大成就；自力更生、发愤图强，创造了社会主义革命和建设的伟大成就；解放思想、锐意进取，创造了改革开放和社会主义现代化建设的伟大成就；自信自强、守正创新，创造了新时代中国特色社会主义的伟大成就。一切伟大成就都是接续奋斗的结果，一切伟大事业都需要在继往开来中推进。以中国式现代化全面推进强国建设、民族复兴伟业，是新时代新征程党和国家的中心任务。作为党员干部，就是要在强国建设、民族复兴的新征程上继续担当时代责任，掌握历史主动，不断把中华民族伟大复兴的历史伟业推向前进。

① 习近平：《在二〇二二年春节团拜会上的讲话》，《人民日报》2022年1月31日。

历史接力一棒接着一棒，党和国家事业一程连着一程。越是伟大的事业，越充满艰难险阻，越是会经受许多风高浪急甚至惊涛骇浪的重大考验。以中国式现代化全面推进强国建设、民族复兴伟业，绝不是轻轻松松、敲锣打鼓就能实现的，需要广大党员干部锚定目标，殚精竭虑干好本职工作，心往一处想、劲往一处使，以团结凝聚力量，以奋斗铸就伟业，坚决战胜一切不确定难预料的风险挑战，共同谱写强国建设、民族复兴的壮美华章。

第三章

新时代党员干部“三观”的时代特征

树立正确权力观、政绩观、事业观，是时代的要求，也是人民的期盼。正确权力观、政绩观、事业观，是世界观、人生观、价值观在党员干部履职尽责、干事创业过程中的具体体现。“三观”蕴含着丰富的马克思主义哲学意蕴，彰显着共产党人的初心使命与责任担当，具有鲜明的时代特征，为广大党员干部修身立业立起了政治标准和行动标尺。新时代新征程，党员干部要以坚定的信念、务实的行动，将这“三观”融入到工作的每一个环节，以正确的权力观规范行为，确保权力不被滥用；以正确的政绩观指引方向，创造出真正有价值的政绩；以正确的事业观激励自己，为推进强国建设、民族复兴贡献力量。

一、统一性：新时代党员干部“三观”的内在特质

统一性是新时代党员干部“三观”的内在特质。正确权力观、政绩观、事业观深刻回答了“权从何而来、权为谁而用”“政绩为谁而树、树什么样的政绩、靠什么树政绩”“采取什么样的事业态度、遵循什么样的事业精神、追求什么样的事业目标”的重大问题，科学标定了新时代党员干部修身立德、干事创业的价值尺度。权力观、政绩观、事业观是一个有机整体，互为关联、互为作用、互为一体。其中，权力观是基础，带有根本性，对事业观、政绩观具有支配和指导作用。权力观异化，必然导致事业观扭曲、政绩观错位。事业观是权力观的一个方面，是权力观在事业问题上的应用和贯彻，是权力观作用于自身的集中体现。一般而言，有什么样的权力观，就有什么样的事业观。政绩观是党员领导干部事业观的核心内容。权力观、事业观共同决定政绩观，不同的权力观、事业观，导致不同的从政价值判断，从而形成不同的政绩观。同时，由于权力观、事业观是在政绩观的基础之上认识自身从政价值的，所以政绩观反作用于权力观、事业观，对权力观、事业观产生导向作用[①]。总之，“三观”之间是内在统一的

---

① 王成国:《自觉树立和践行新时代党员干部“三观”》,《学习时报》2023 年 10 月 23 日。

关系，必须从整体上把握，全面准确理解。

1. 目标指向的一致性

正确权力观、政绩观、事业观都以服务人民、推动社会发展进步为共同目标指向。

正确的权力观强调权力来自人民，必须为人民服务。党员干部手中的权力不是个人谋取私利的工具，而是为了实现人民群众的根本利益，解决人民群众的实际问题，提升人民群众的生活质量。

正确的政绩观要求创造经得起实践、人民、历史检验的政绩。这意味着党员干部在工作中不能只追求短期的表面成绩，而要着眼于长远发展和人民的根本福祉。比如，致力于生态环境保护、推动可持续发展，虽然可能在短期内看不到显著的经济成果，但却为子孙后代留下了宝贵的财富。

正确的事业观把为党和人民的事业不懈奋斗作为价值追求。党员干部将自己的工作视为伟大事业的一部分，以高度的责任感和使命感投入其中，为实现国家富强、民族振兴、人民幸福而努力拼搏。无论是在科技创新、教育改革还是社会治理等领域，都以推动事业发展为己任。

2. 行为准则的关联性

权力观决定了行为的边界和规范。秉持正确权力观的党员干部会谨慎用权、依法用权，自觉接受监督。他们明白权力是一把双刃剑，只有在法律和制度的框架内正确行使权力，才能避免权力滥用和腐败。这种对权力的敬畏和规范使用，为树立正确的政绩观和事业观奠定了基础。例如，在重大项目决策中，严格按照程序进行论证、审批和实施，确保决策科学合理，不损害公共利益。

政绩观影响着工作的重点和方向。以正确政绩观为指引的党员干部会将工作重心放在解决实际问题、促进经济社会发展的关键领域。他们不会搞形式主义、面子工程，而是脚踏实地、真抓实干，致力于为人民群众创造实实在在的利益。同时，正确的政绩观也促使党员干部在追求政绩的过程中注重可持续发展，与事业观相呼应。比如，在城市建设中，不仅注重眼前的美观和功能，还考虑未来的发展需求，为城市的长远事业打下坚实基础。

事业观赋予工作以动力和意义。拥有正确事业观的党员干部对工作充满热情和执着，具有强烈的事业心和责任感。他们把工作视为实现人生价值的舞台，不畏困难、勇于担当，为了事业的成功不惜付出努力。这种积极向上的态度也会影响到权力的行使和政绩的创造，促使党员干部以更高的标准要求自己，不断提升工作能力和质量。

3. 价值追求的共生性

正确的权力观有助于实现个人价值与社会价值的统一。党员干部在正确行使权力的过程中，既能够为人民群众谋福祉，也能够实现自身的人生价值。当他们看到自己的努力为社会带来积极变化，人民群众的生活得到改善时，会获得巨大的成就感和满足感。这种个人价值与社会价值的相互促进，使得权力观与事业观、政绩观紧密相连。

正确的政绩观体现了对社会价值的追求。党员干部通过创造良好的政绩，为社会发展做出贡献，满足人民群众的需求和期望。同时，良好的政绩也能够提升党员干部的声誉和形象，为他们在事业上的发展创造有利条件。因此，政绩观与事业观、权力观相互依存，共同构成了党员干部的价值追求体系。

正确的事业观是实现更高层次价值追求的动力源泉。党员干部以事业为重，将个人的发展融入到党和人民的事业中，能够激发他们的创造力和奉献精神。在追求事业的过程中，他们会不断提升自己的能力和素质，以更好地行使权力、创造政绩。这种对事业的执着追求，使得权力观、政绩观和事业观在更高层次上实现了统一。

二、人民性：新时代党员干部“三观”的根本立场

人民性是马克思主义的本质属性，也是马克思主义最鲜明的品格。人民立场是中国共产党的根本政治立场。我们党自成立伊始，始终把人民放

在心中最高位置，把为人民谋幸福作为根本使命和最高价值追求，从来就没有自己的私利。党员干部特别是领导干部要清醒认识到，自己手中的权力、所处的岗位，是党和人民赋予的，是为党和人民做事用的，只能用来为民谋利。要树立和践行正确权力观、政绩观、事业观，在其位、谋其政，勤勉尽责，切实做到为官一任、造福一方。习近平总书记曾多次强调，“马克思主义权力观概括起来是两句话：权为民所赋，权为民所用”①，“共产党人必须牢记，为民造福是最大政绩。我们谋划推进工作，一定要坚持全心全意为人民服务的根本宗旨，坚持以人民为中心的发展思想，坚持发展为了人民、发展依靠人民、发展成果由人民共享，把好事实事做到群众心坎上”②，“我们党没有自己特殊的利益，党在任何时候都把群众利益放在第一位。这是我们党作为马克思主义政党区别于其他政党的显著标志”③。这些重要论述，深刻阐明了我们党的政治立场和执政理念，深刻揭示了权力观、政绩观、事业观核心要求就在于坚持人民至上。我们必须把为民造福作为衡量权力观、政绩观、事业观的根本标尺，努力创造经得起历史、实践和人民检验的业绩④。

总之，权力观、政绩观、事业观的人民性是中国共产党的根本宗旨和执政理念的具体体现。党员干部只有牢固树立以人民为中心的权力观、政绩观、事业观，才能真正做到权为民所用、情为民所系、利为民所谋，为以中国式现代化全面推进强国建设、民族复兴伟业贡献自己的力量。

① 转引自王成国：《自觉树立和践行新时代党员干部“三观”》，《学习时报》2023年10月23日。

②《习近平在中央党校（国家行政学院）中青年干部培训班开班式上发表重要讲话强调 筑牢理想信念根基树立践行正确政绩观 在新时代新征程上留下无悔的奋斗足迹》，《人民日报》2022年3月2日。

③《习近平在参加内蒙古代表团审议时强调 坚持人民至上 不断造福人民 把以人民为中心的发展思想落实到各项决策部署和实际工作之中》，《人民日报》2020年5月23日。

④ 王成国：《自觉树立和践行新时代党员干部“三观”》，《学习时报》2023年10月23日。

三、实践性：新时代党员干部“三观”的现实落点

实践性是马克思主义理论区别于其他理论的显著特征，是马克思主义特有的理论品质。党的十八大以来，习近平总书记提出“社会主义是干出来的，新时代是奋斗出来的”[①]重大论断，这是马克思主义实践观最生动的表达，更是激励全党全国各族人民积极投身新时代中国特色社会主义伟大实践最有力的动员。实践是连接改造主观世界和客观世界的桥梁，权力观、政绩观、事业观只有在伟大实践中才能得到锤炼和检验。面对世界百年未有之大变局加速演进，面对随时可能出现的风高浪急甚至惊涛骇浪的重大考验，党员干部唯有践行正确的权力观、政绩观、事业观，求真务实、真抓实干，敢于斗争、善于斗争，才能更好地奋进新征程、建功新时代。

1. 权力观的实践性

权力的运用与实践紧密相连。党员干部拥有的权力不是抽象的概念，而是在具体的工作中得以体现。他们通过制定政策、分配资源、作出决策等方式行使权力，这些行为直接影响着人民群众的生活和社会的发展。

权力的正确行使需要在实践中不断检验和调整。在行使权力过程中，党员干部需要根据实际情况不断反思和改进自己的行为。通过实践的反馈，他们可以了解到权力行使的效果是否符合人民的利益和社会发展的需求。如果发现问题，及时调整权力的运用方式，以更好地服务人民。

权力观的树立离不开实践的锤炼。党员干部的权力观不是天生的，而是在长期的工作实践中逐渐形成的。通过参与各种实际工作，面对各种挑战和考验，他们不断深化对权力的认识，明确权力的边界和责任，树立正确的权力观。比如在应对突发事件时，党员干部需要迅速作出决策，合理运用权力，这一过程将促使他们更加深刻地理解权力的本质和意义。

① 习近平：《在全国劳动模范和先进工作者表彰大会上的讲话》，《人民日报》2020年11月25日。

2. 政绩观的实践性

政绩是在实践中创造出来的。党员干部的政绩不是靠空谈和幻想得来的，而是通过实实在在的工作和努力创造出来的。他们需要在经济发展、社会建设、民生改善等各个领域积极作为，采取有效的措施推动工作的开展，才能取得显著的政绩。

政绩的评价取决于实践的检验。政绩的好坏不能由党员干部自己说了算，而要由实践来检验。只有那些经得起实践、人民、历史检验的政绩才是真正有价值的政绩。在实践中，人民群众的满意度、经济社会的发展成果、生态环境的改善等都是评价政绩的重要标准。比如，一个地区的经济发展不仅要看 GDP 的增长，还要看人民群众的收入水平、就业情况、生态环境等方面的变化。

正确的政绩观引导实践的方向。党员干部树立正确的政绩观，能够为他们的工作提供明确的方向和目标。以人民为中心的政绩观会促使党员干部更加关注人民群众的需求和利益，在实践中努力为人民群众办实事、解难题。同时，正确的政绩观也将引导党员干部注重长远发展，避免短期行为和功利主义，为经济社会的可持续发展奠定坚实的基础。

3. 事业观的实践性

事业是通过实践来实现的。党员干部的事业不是空中楼阁，而是在具体的工作实践中逐步实现的。他们需要将自己的理想和抱负转化为实际行动，通过不断的努力和奋斗，为党和人民的事业作出贡献。

实践是检验事业观的重要标准。党员干部的事业观是否正确，最终要通过实践来检验。只有那些在实践中能够坚定不移地为党和人民的事业奋斗，不畏艰难险阻，勇于担当作为的党员干部，才真正具有正确的事业观。

事业观的提升需要在实践中不断积累经验。党员干部的事业观是在实践中不断发展和完善的。通过参与各种实际工作，党员干部可以积累丰富的经验，不断提高自己的认识水平和工作能力，从而进一步坚定自己的事业观。

第四章

心中有魂，

立根铸魂正“三观”

心中有魂，脚下有根。理论上清醒，政治上才能坚定，行动上才能自觉。回顾我们党百余年来的奋斗历程可以看到，党之所以能够不断历经艰难困苦创造新的辉煌，很重要的一个原因就是始终高度重视思想建党、理论强党，坚持用科学理论武装广大党员干部的头脑，使全党始终保持统一的思想、坚定的意志、强大的战斗力。

真理之光照亮复兴之路，科学理论引领伟大实践。新时代新征程，党员干部树立和践行正确“三观”，就要坚持学思用贯通、知信行统一，从思想上正本清源、固本培元，深刻领悟“两个确立”的决定性意义，增强“四个意识”、坚定“四个自信”、做到“两个维护”。只有把牢思想“总开关”，不断增进对党的创新理论的政治认同、思想认同、理论认同、情感认同，始终坚定信仰信念信心，才能在大是大非面前旗帜鲜明，在风浪考验面前无所畏惧，在各种诱惑面前立场坚定，在关键时刻始终让党信得过、靠得住、能放心。

一、筑牢信仰之基

信仰，是一种无比强大的精神力量，它能够充分激发人的内在潜能，促使人在困境中顽强拼搏，在挑战面前不屈不挠。哲学家萨特曾经说过：“世界上有两样东西是亘古不变的，一是高悬在我们头顶上的日月星辰，一是深藏在每个人心底的高贵信仰。”我们每一位党员，都曾在党旗下庄严宣誓：为共产主义奋斗终身，永不叛党。从那一刻起，信仰便如涓涓细流融入我们沸腾的血液中，成为我们生命中永不磨灭的力量源泉。

信仰，初看或许让人觉得虚无缥缈、难以捉摸，过于意识形态化了，但对于广大党员干部而言，信仰绝非空洞的概念，它能转化为实实在在的坚守、踏踏实实的奋斗。信仰，让党员干部坚定不移地践行党的宗旨、执行党的命令、听从党的指挥，履行好党赋予的各项使命、责任。信仰的坚守，让党员干部在岁月的洗礼中愈发坚定，在时代的浪潮中勇立潮头。

伟大的信仰吸引着伟大无私的灵魂。百余年来，中国共产党人在追求信仰的道路上历经曲折、充满艰辛。回首往昔，在每一个艰难的关头，皆有懦弱之人动摇、胆怯之人逃亡、自私之人背叛，但总有一批真正的共产党人，以其坚定的意志坚守信仰，在危急时刻舍生忘死、奋勇向前，书写下无数可歌可泣的英雄事迹。李大钊，中国共产主义运动的先驱，中国共产党的主要创始人之一，为了追寻光明道路舍生取义；夏明翰，28 岁在汉口余记里刑场英勇就义，临刑前写下“砍头不要紧，只要主义真。杀了夏明翰，还有后来人”的感天动地诗篇；周恩来，少年时代就有坚定的信仰——为中华之崛起而读书。再如，为人民服务的雷锋，传承雷锋精神的郭明义，扎根大亮山义务植树造林的杨善洲，深藏功名 60 多年的老英雄张富清……前仆后继的共产党员蔚然如林，让人民敬仰，令世界瞩目[①]。信仰犹如一座巍峨的灯塔，在漫漫历史长河中，为无数人指引着前行的方向。正是因为百折不挠的坚守，才使我们的信仰产生了钻石般的光芒和力量。这种光芒，照亮了前行的道路，给予人们勇气和希望；这种力量，激励着一代又一代的共产党人，在困难与挑战面前不屈不挠，为实现中华民族的伟大复兴而不懈奋斗。

信仰是党员干部“立身之本”。新时代新征程，对党员干部来说，树立和践行正确权力观、政绩观、事业观，不但要心怀信仰，还要坚定信仰。要勇于承担时代赋予的重任，将信仰化作行动的指南，以正确的权力观确保权力为民所用，以正确的政绩观追求实实在在的业绩，以正确的事业观投身于党和人民的伟大事业，用坚定的信念、顽强的意志和不懈的奋斗，为推进强国建设、民族复兴贡献自己的全部智慧、力量与热忱。

① 曹辉:《信仰的力量》,《中国纪检监察报》2021 年 6 月 9 日。

二、补足精神之钙

一个民族要走在时代前列，就一刻不能没有理论思维，一刻不能没有正确思想指引。马克思主义信仰、共产主义远大理想、中国特色社会主义共同理想，是中国共产党人的精神支柱和政治灵魂。2021 年 9 月，习近平总书记在 2021 年秋季学期中央党校（国家行政学院）中青年干部培训班开班式上指出："中国共产党成立一百年来，始终是有崇高理想和坚定信念的党。这个理想信念，就是马克思主义信仰、共产主义远大理想、中国特色社会主义共同理想。""党员干部有了坚定理想信念，才能经得住各种考验，走得稳、走得远；没有理想信念，或者理想信念不坚定，就经不起风吹浪打，关键时刻就会私心杂念丛生，甚至临阵脱逃。"形象地说，理想信念就是共产党人精神上的"钙"，没有理想信念，理想信念不坚定，精神上就会"缺钙"，就会得"软骨病"。

中国共产党成立百余年来，之所以能不断从胜利走向新的胜利，归根结底是因为有远大理想与崇高追求。战争岁月，无数先烈为了理想舍生忘死、视死如归，挥写了"砍头不要紧，只要主义真"的热血诗篇。据不完全统计，从 1921 年到 1949 年，我们党领导的革命队伍中，有名可查的烈士就达 370 多万名。这在世界政党史上绝无仅有，没有哪个政党能像中国共产党这样为了守护自己的理想信念付出如此巨大的牺牲[①]。理想信念犹如精神之钙，共产党人的钢筋铁骨就是靠精神之钙铸就的。今天，像战争年代那种血与火的生死考验少了，但具有新的历史特点的伟大斗争仍然在继续，我们正面临着一系列重大挑战、重大风险、重大阻力、重大矛盾的艰巨考验。没有坚定的理想信念，就会在乱云飞渡的复杂环境中迷失方向、在泰山压顶的巨大压力下退缩逃避、在糖衣炮弹的轮番轰炸下缴械投降[②]。

---

① 《补足精神之"钙"》，《人民日报》2017 年 4 月 24 日。

② 习近平：《用好红色资源，传承好红色基因 把红色江山世世代代传下去》，《求是》2021 年第 10 期。

新时代新征程，党员干部要完成国家富强、民族振兴、人民幸福的崇高事业，不但要树立和践行正确权力观、政绩观、事业观，更要坚定马克思主义信仰、共产主义远大理想、中国特色社会主义共同理想，补足精神之钙。

1. 坚定马克思主义信仰

党的二十大报告指出：“中国共产党为什么能，中国特色社会主义为什么好，归根到底是马克思主义行，是中国化时代化的马克思主义行。”中国共产党是马克思主义武装起来的先进政党，从诞生之日起就把马克思主义郑重地写在自己的旗帜上。一百多年来，马克思主义始终是我们立党立国、兴党兴国的根本指导思想，是我们认识世界、把握规律、追求真理、改造世界的强大思想武器。坚定对马克思主义的信仰是强国建设、民族复兴的重要保证，是党员干部安身立命的重要保障。新时代新征程，党员干部树立和践行正确权力观、政绩观、事业观，必须以永远在路上的执着学习马克思主义、践行马克思主义、发展马克思主义，始终不渝做马克思主义的忠诚信奉者和坚定实践者。

拥有马克思主义科学理论指导是我们党坚定信仰信念、把握历史主动的根本所在。中国共产党人的理想信念，建立在马克思主义科学真理的基础之上，建立在马克思主义揭示的人类社会发展规律的基础之上。党坚持把马克思主义作为自己的行动指南，并坚持在实践中不断丰富和发展马克思主义，这使我们党得以摆脱一切政治力量追求自身特殊利益的局限，以唯物辩证的科学精神、无私无畏的博大胸怀领导和推动中国革命、建设、改革。

习近平总书记强调：“坚定理想信念不是一阵子而是一辈子的事，要常修常炼、常悟常进，无论顺境逆境都坚贞不渝，经得起大浪淘沙的考验。”[①] 能不能信仰一辈子，是真假马克思主义者的试金石。马克思主义信

① 《习近平在中央党校（国家行政学院）中青年干部培训班开班式上发表重要讲话强调 筑牢理想信念根基树立践行正确政绩观 在新时代新征程上留下无悔的奋斗足迹》，《人民日报》2022 年 3 月 2 日。

仰并非天然就能保质保鲜，若长久缺乏滋养，必然干涸枯萎。一旦信仰信念出现动摇，就极易被腐朽没落的思想乘虚而入，甚至陷入万劫不复的深渊，落得可悲可耻的下场。做坚定的马克思主义者是终身课题，需常修常炼，在实践中不断经受砥砺、接受考验。今天，我们胜利完成了全面建成小康社会的第一个百年奋斗目标，正在向着全面建成社会主义现代化强国的第二个百年奋斗目标迈进。新的赶考之路上，面对那些可以预料以及难以预料的风险挑战、艰难险阻乃至惊涛骇浪，每一位党员干部都应当把对马克思主义的信仰、对中国特色社会主义的信念作为毕生追求，平常时候看得出来、关键时刻站得出来、危难关头豁得出来，一辈子为党分忧、为民造福，始终做到信仰坚定、初心如磐，不断把为崇高理想奋斗的实践推向前进。

2. 坚定共产主义远大理想

中国共产党人的最高理想是实现共产主义。中国共产党之所以叫共产党，就是因为从成立之日起就把实现共产主义确立为远大理想。在革命、建设和改革的不同历史时期，共产主义远大理想都是指引一代代中国共产党人筚路蓝缕、开拓进取的精神指南，也是我们党赢得民心，始终得到人民群众拥护的制胜法宝。共产主义远大理想激励着中国共产党由小变大、由弱变强，一代代中国共产党人也忠诚践行着“为共产主义奋斗终身”的铮铮誓言。新时代新征程，党员干部树立和践行正确权力观、政绩观、事业观，必须牢固树立共产主义远大理想，切实肩负起时代使命，为实现共产主义不懈奋斗。

过去曾有一段时间，国内外各种敌对势力总是拿西方资本主义价值体系和评价体系来剪裁我们的实践、衡量我们的发展，企图让我们党改旗易帜、改名换姓，其要害就是企图让我们丢掉对马克思主义的信仰，丢掉对社会主义、共产主义的信念。对此，习近平总书记告诫全党：“在举什么旗、走什么路的问题上，全党一定要保持清醒头脑。”① “共产主义决不是

① 《习近平谈治国理政》第 2 卷，外文出版社 2017 年版，第 326 页。

'土豆烧牛肉'那么简单，不可能唾手可得、一蹴而就，但我们不能因为实现共产主义理想是一个漫长的过程，就认为那是虚无缥缈的海市蜃楼，就不去做一个忠诚的共产党员。革命理想高于天。实现共产主义是我们共产党人的最高理想，而这个最高理想是需要一代又一代人接力奋斗的。如果大家都觉得这是看不见摸不着的东西，没有必要为之奋斗和牺牲，那共产主义就真的永远实现不了了。"[①] 共产主义是共产党人的根和本。立根固本，就是要坚定这份信仰、坚定这份信念、坚定这份忠诚，只有在立根固本上下足了功夫，才会有强大的免疫力和抵抗力。我们现在坚持和发展中国特色社会主义的一切实践，都是向着最高理想进行的实实在在的努力。

今天，衡量一名党员干部是否具有共产主义远大理想，是有客观标准的。这一标准不仅仅体现在言语上的表态，更重要的是实际行动中的践行。要看他能否始终如一地坚持全心全意为人民服务的根本宗旨，在面对困难与挑战时，是否毫不犹豫地冲锋在前，将人民的利益置于首位；能否真正做到吃苦在前、享受在后，不贪图个人的安逸与享乐，以奉献精神为引领，为人民谋福祉；能否勤奋工作、廉洁奉公，以高度的责任感和使命感投入到工作中，坚决抵制各种腐败行为，保持共产党人的清正廉洁本色；能否为理想而奋不顾身去拼搏、去奋斗、去献出自己的全部精力乃至生命，在关键时刻展现出坚定的信仰和无畏的勇气。

每个共产党员都是中国工人阶级的有共产主义觉悟的先锋战士。每个党员在入党时都曾庄重地宣誓，全心全意为人民服务，不惜牺牲个人的一切，为实现共产主义奋斗终身！这绝不仅仅是一句空洞的口号，而是每个党员的郑重承诺，是一份沉甸甸的责任与使命。只有坚定共产主义远大理想，我们才能超越物欲的束缚，在纷繁复杂的世界中保持清醒的头脑和坚定的信念，才不会被功名利禄所迷惑，不会有失衡心态，从而让自己活得有价值，让人生更精彩。

---

① 习近平:《做焦裕禄式的县委书记》，中央文献出版社 2015 年版，第 5 页。

3. 坚定中国特色社会主义共同理想

中国特色社会主义，是马克思主义基本原理同中国实际和时代特征相结合的产物，是根植于中国大地、反映中国人民意愿、适应中国和时代发展进步要求的科学社会主义。习近平总书记指出："中国特色社会主义，承载着几代中国共产党人的理想和探索，寄托着无数仁人志士的夙愿和期盼，凝聚着亿万人民的奋斗和牺牲，是近代以来中国社会发展的必然选择，是发展中国、稳定中国的必由之路。"[①] 实践表明，只有社会主义才能救中国，只有中国特色社会主义才能发展中国。做中国特色社会主义共同理想的坚定信仰者和忠实实践者，为中国特色社会主义而奋斗，是共产党人的必然选择。

新时代新征程，党员干部树立和践行正确权力观、政绩观、事业观，必须要坚定中国特色社会主义共同理想。党员干部只有将中国特色社会主义共同理想深植于心，才能在行使权力时，始终牢记权力来自人民，做到权为民所用、利为民所谋；才能在追求政绩时，以人民的满意度和幸福感为出发点和落脚点，不搞形式主义、不做表面文章，切实为群众办实事、解难题；才能在谋划事业时，以国家的发展、民族的复兴为己任，勇于担当、积极作为。

一要熟知中国特色社会主义的来龙去脉。历史是最好的教科书。中国特色社会主义是中国共产党人的不懈追求，凝聚着几代共产党人的探索、心血、牺牲和智慧，体现着中国社会发展进步的历史必然性和客观规律，具有无比的神圣性。坚持中国特色社会主义共同理想，就是走历史必由之路，尊重中国社会发展的客观规律。

二要懂得中国特色社会主义的性质。中国特色社会主义既坚持了科学社会主义基本原则，又根据时代条件赋予其鲜明的中国特色，以全新的视野

① 《习近平谈治国理政》第 1 卷，外文出版社 2018 年版，第 8 页。

深化了对共产党执政规律、社会主义建设规律、人类社会发展规律的认识，从理论和实践结合上系统回答了在中国这样人口多底子薄的东方大国建设什么样的社会主义、怎样建设社会主义这个根本问题。坚持中国特色社会主义共同理想，就是坚持科学社会主义，与坚持共产主义理想一脉相承。

三要坚持中国特色社会主义道路、理论、制度和文化。中国特色社会主义是道路、理论、制度和文化的有机统一。中国特色社会主义道路是实现中国特色社会主义共同理想的途径，中国特色社会主义理论体系是实现中国特色社会主义共同理想的行动指南，中国特色社会主义制度是实现中国特色社会主义共同理想的根本保障，中国特色社会主义文化是实现中国特色社会主义共同理想的强大精神力量，四者密切相关、缺一不可。只有坚持四者的统一，才能更好地实现中国特色社会主义共同理想。

四要坚持中国特色社会主义共同理想和坚定共产主义远大理想有机统一。中国特色社会主义共同理想与坚定共产主义远大理想相互联系、密不可分。党员干部既不能脱离发展中国特色社会主义事业而空谈远大理想，使其沦为空中楼阁；也不能因为实现共产主义是一个漫长的历史过程，就心生懈怠，甚至放弃远大理想。要把践行中国特色社会主义共同理想和坚定共产主义远大理想统一起来，同正在做的事情统一起来，不断推进国家治理体系和治理能力现代化，更好发挥社会主义制度的最大优势。

三、把稳思想之舵

理想信念的坚定，来自思想理论的坚定。加强理论学习、提高理论素养，最重要的是坚持不懈地学习习近平新时代中国特色社会主义思想，用这一重要思想武装头脑、指导实践，通过持之以恒地学习，不断把稳思想之舵。

伟大实践催生伟大思想，伟大思想引领伟大时代。习近平新时代中国特色社会主义思想是当代中国马克思主义、21 世纪马克思主义，是中华文化和中国精神的时代精华，是党和人民实践经验和集体智慧的结晶，是全党全国人民为实现中华民族伟大复兴而奋斗的行动指南。新征程上，党员干部树立和践行正确“三观”，一定要坚持不懈用习近平新时代中国特色社会主义思想凝心铸魂。全面系统掌握这一思想的基本观点、科学体系，把握好这一思想的世界观、方法论，坚持好、运用好贯穿其中的立场观点方法，真正把马克思主义看家本领学到手，自觉用习近平新时代中国特色社会主义思想指导各项工作。

（一）系统掌握习近平新时代中国特色社会主义思想的主要内容

习近平新时代中国特色社会主义思想的内容博大精深，涵盖改革发展稳定、内政外交国防、治党治国治军等方方面面，构成集时代性、系统性、原创性于一体的开放的科学体系。党的二十大报告明确指出，党的十九大、十九届六中全会提出的“十个明确”“十四个坚持”“十三个方面成就”概括了习近平新时代中国特色社会主义思想的主要内容，必须长期坚持并不断丰富发展。

1. 深刻把握“十个明确”

“十个明确”是习近平新时代中国特色社会主义思想的核心内容，是对新时代的实践总结也是理论概括。党的十九届六中全会通过的《中共中央关于党的百年奋斗重大成就和历史经验的决议》概括了“十个明确”，即“明确中国特色社会主义最本质的特征是中国共产党领导，中国特色社会主义制度的最大优势是中国共产党领导，中国共产党是最高政治领导力量，全党必须增强‘四个意识’、坚定‘四个自信’、做到‘两个维护’；明确坚持和发展中国特色社会主义，总任务是实现社会主义现代化和中华民族伟大复兴，在全面建成小康社会的基础上，分两步走在本世纪中叶建成富强民主文明和谐美丽的社会主义现代化强国，以中国式现代化推进中华民族伟大复兴；明确新时代我国社会主要矛盾是人民日益增长的美好生活需要和不平衡不充分的发展之间的矛盾，必须坚持以人民为中心的发展思想，发展全过程人民民主，推动人的全面发展、全体人民共同富裕取得更为明显的实质性进展；明确中国特色社会主义事业总体布局是经济建设、政治建设、文化建设、社会建设、生态文明建设五位一体，战略布局是全面建设社会主义现代化国家、全面深化改革、全面依法治国、全面从严治党四个全面；明确全面深化改革总目标是完善和发展中国特色社会主义制度、推进国家治理体系和治理能力现代化；明确全面推进依法治国总目标是建设中国特色社会主义法治体系、建设社会主义法治国家；明确必须坚持和完善社会主义基本经济制度，使市场在资源配置中起决定性作用，更好发挥政府作用，把握新发展阶段，贯彻创新、协调、绿色、开放、共享的新发展理念，加快构建以国内大循环为主体、国内国际双循环相互促进的新发展格局，推动高质量发展，统筹发展和安全；明确党在新时代的强军目标是建设一支听党指挥、能打胜仗、作风优良的人民军队，把人民军队建设成为世界一流军队；明确中国特色大国外交要服务民族复兴、促进人类进步，推动建设新型国际关系，推动构建人类命运共同体；明确全面从严治党的战略方针，提出新时代党的建设总要求，全面推进党的政治建设、思想建设、组织建设、作风建设、纪律建设，把制度建设贯穿其中，深入推进反腐败斗争，落实管党治党政治责任，以伟大自我革命引领伟大社会革命”[①]。

2. 深刻理解“十四个坚持”

“十四个坚持”，即新时代坚持和发展中国特色社会主义的基本方略，不仅覆盖了党的基本纲领、基本经验、基本要求的内容，更是对党的治国理政重大方针和原则的概括，是落实习近平新时代中国特色社会主义思想的实践要求，是思想化为行动的路线图、方法论，与“十个明确”相得益彰，共同构成习近平新时代中国特色社会主义思想的重要组成部分。

第一，坚持党对一切工作的领导。党政军民学，东西南北中，党是领

① 《中共中央关于党的百年奋斗重大成就和历史经验的决议》，《人民日报》2021 年 11 月 17 日。

导一切的。必须增强政治意识、大局意识、核心意识、看齐意识，自觉维护党中央权威和集中统一领导，自觉在思想上政治上行动上同党中央保持高度一致，完善坚持党的领导的体制机制，坚持稳中求进工作总基调，统筹推进“五位一体”总体布局，协调推进“四个全面”战略布局，提高党把方向、谋大局、定政策、促改革的能力和定力，确保党始终总揽全局、协调各方。

第二，坚持以人民为中心。人民是历史的创造者，是决定党和国家前途命运的根本力量。必须坚持人民主体地位，坚持立党为公、执政为民，践行全心全意为人民服务的根本宗旨，把党的群众路线贯彻到治国理政全部活动之中，把人民对美好生活的向往作为奋斗目标，依靠人民创造历史伟业。

第三，坚持全面深化改革。只有社会主义才能救中国，只有改革开放才能发展中国、发展社会主义、发展马克思主义。必须坚持和完善中国特色社会主义制度，不断推进国家治理体系和治理能力现代化，坚决破除一切不合时宜的思想观念和体制机制弊端，突破利益固化的藩篱，吸收人类文明有益成果，构建系统完备、科学规范、运行有效的制度体系，充分发挥我国社会主义制度优越性。

第四，坚持新发展理念。发展是解决我国一切问题的基础和关键，发展必须是科学发展，必须坚定不移贯彻创新、协调、绿色、开放、共享的发展理念。必须坚持和完善我国社会主义基本经济制度和分配制度，毫不动摇巩固和发展公有制经济，毫不动摇鼓励、支持、引导非公有制经济发展，使市场在资源配置中起决定性作用，更好发挥政府作用，推动新型工业化、信息化、城镇化、农业现代化同步发展，主动参与和推动经济全球化进程，发展更高层次的开放型经济，不断壮大我国经济实力和综合国力。

第五，坚持人民当家作主。坚持党的领导、人民当家作主、依法治国有机统一是社会主义政治发展的必然要求。必须坚持中国特色社会主义政治发展道路，坚持和完善人民代表大会制度、中国共产党领导的多党合作和政治协商制度、民族区域自治制度、基层群众自治制度，巩固和发展最广泛的爱国统一战线，发展社会主义协商民主，健全民主制度，丰富民主形式，拓宽民主渠道，保证人民当家作主落实到国家政治生活和社会生活之中。

第六，坚持全面依法治国。全面依法治国是中国特色社会主义的本质要求和重要保障。必须把党的领导贯彻落实到依法治国全过程和各方面，坚定不移走中国特色社会主义法治道路，完善以宪法为核心的中国特色社会主义法律体系，建设中国特色社会主义法治体系，建设社会主义法治国家，发展中国特色社会主义法治理论，坚持依法治国、依法执政、依法行政共同推进，坚持法治国家、法治政府、法治社会一体建设，坚持依法治国和以德治国相结合，依法治国和依规治党有机统一，深化司法体制改革，提高全民族法治素养和道德素质。

第七，坚持社会主义核心价值体系。文化自信是一个国家、一个民族发展中更基本、更深沉、更持久的力量。必须坚持马克思主义，牢固树立共产主义远大理想和中国特色社会主义共同理想，培育和践行社会主义核心价值观，不断增强意识形态领域主导权和话语权，推动中华优秀传统文化创造性转化、创新性发展，继承革命文化，发展社会主义先进文化，不忘本来、吸收外来、面向未来，更好构筑中国精神、中国价值、中国力量，为人民提供精神指引。

第八，坚持在发展中保障和改善民生。增进民生福祉是发展的根本目的。必须多谋民生之利、多解民生之忧，在发展中补齐民生短板、促进社会公平正义，在幼有所育、学有所教、劳有所得、病有所医、老有所养、住有所居、弱有所扶上不断取得新进展，深入开展脱贫攻坚，保证全体人民在共建共享发展中有更多获得感，不断促进人的全面发展、全体人民共同富裕。建设平安中国，加强和创新社会治理，维护社会和谐稳定，确保国家长治久安、人民安居乐业。

第九，坚持人与自然和谐共生。建设生态文明是中华民族永续发展的千年大计。必须树立和践行绿水青山就是金山银山的理念，坚持节约资源和保护环境的基本国策，像对待生命一样对待生态环境，统筹山水林田湖草系统治理，实行最严格的生态环境保护制度，形成绿色发展方式和生活方式，坚定走生产发展、生活富裕、生态良好的文明发展道路，建设美丽中国，为人民创造良好生产生活环境，为全球生态安全作出贡献。

第十，坚持总体国家安全观。统筹发展和安全，增强忧患意识，做到居安思危，是我们党治国理政的一个重大原则。必须坚持国家利益至上，以人民安全为宗旨，以政治安全为根本，统筹外部安全和内部安全、国土安全和国民安全、传统安全和非传统安全、自身安全和共同安全，完善国家安全制度体系，加强国家安全能力建设，坚决维护国家主权、安全、发展利益。

第十一，坚持党对人民军队的绝对领导。建设一支听党指挥、能打胜仗、作风优良的人民军队，是实现“两个一百年”奋斗目标、实现中华民族伟大复兴的战略支撑。必须全面贯彻党领导人民军队的一系列根本原则和制度，确立新时代党的强军思想在国防和军队建设中的指导地位，坚持政治建军、改革强军、科技兴军、依法治军，更加注重聚焦实战，更加注重创新驱动，更加注重体系建设，更加注重集约高效，更加注重军民融合，实现党在新时代的强军目标。

第十二，坚持“一国两制”和推进祖国统一。保持香港、澳门长期繁荣稳定，实现祖国完全统一，是实现中华民族伟大复兴的必然要求。必须把维护中央对香港、澳门特别行政区全面管治权和保障特别行政区高度自治权有机结合起来，确保“一国两制”方针不会变、不动摇，确保“一国两制”实践不变形、不走样。必须坚持一个中国原则，坚持“九二共识”，推动两岸关系和平发展，深化两岸经济合作和文化往来，推动两岸同胞共同反对一切分裂国家的活动，共同为实现中华民族伟大复兴而奋斗。

第十三，坚持推动构建人类命运共同体。中国人民的梦想同各国人民的梦想息息相通，实现中国梦离不开和平的国际环境和稳定的国际秩序。

必须统筹国内国际两个大局，始终不渝走和平发展道路、奉行互利共赢的开放战略，坚持正确义利观，树立共同、综合、合作、可持续的新安全观，谋求开放创新、包容互惠的发展前景，促进和而不同、兼收并蓄的文明交流，构筑尊崇自然、绿色发展的生态体系，始终做世界和平的建设者、全球发展的贡献者、国际秩序的维护者。

第十四，坚持全面从严治党。勇于自我革命，从严管党治党，是我们党最鲜明的品格。必须以党章为根本遵循，把党的政治建设摆在首位，思想建党和制度治党同向发力，统筹推进党的各项建设，抓住“关键少数”，坚持“三严三实”，坚持民主集中制，严肃党内政治生活，严明党的纪律，强化党内监督，发展积极健康的党内政治文化，全面净化党内政治生态，坚决纠正各种不正之风，以零容忍态度惩治腐败，不断增强党自我净化、自我完善、自我革新、自我提高的能力，始终保持党同人民群众的血肉联系[①]。

3. 深刻认识“十三个方面成就”

“十三个方面成就”全面展现了党的十八大以来以习近平同志为核心的党中央治国理政、推进新时代中国特色社会主义伟大事业的成就和经验，既是习近平新时代中国特色社会主义思想指导的结果，又充分说明习近平新时代中国特色社会主义思想开辟了马克思主义中国化时代化新境界。“十三个方面成就”与“十个明确”“十四个坚持”彼此呼应、相互贯通，明确了新时代坚持和发展中国特色社会主义的总目标、总任务、总体布局、战略布局和发展方向、发展方式、发展动力、战略步骤、外部条件、政治保证等基本问题，构成了系统全面、逻辑严密、内涵丰富、内在统一的科学理论体系[②]。

党的十八大以来，在坚持党的全面领导上，党中央权威和集中统一领

① 习近平：《决胜全面建成小康社会 夺取新时代中国特色社会主义伟大胜利——在中国共产党第十九次全国代表大会上的报告》，《人民日报》2017 年 10 月 28 日。

② 中国人民大学习近平新时代中国特色社会主义思想研究院：《“十三个方面成就”的新概括新思考》，《学习时报》2023 年 1 月 13 日。

导得到有力保证，党的领导制度体系不断完善，党的领导方式更加科学，全党思想上更加统一、政治上更加团结、行动上更加一致，党的政治领导力、思想引领力、群众组织力、社会号召力显著增强。在全面从严治党上，党的自我净化、自我完善、自我革新、自我提高能力显著增强，管党治党宽松软状况得到根本扭转，反腐败斗争取得压倒性胜利并全面巩固，党在革命性锻造中更加坚强。在经济建设上，我国经济发展平衡性、协调性、可持续性明显增强，国家经济实力、科技实力、综合国力跃上新台阶，我国经济迈上更高质量、更有效率、更加公平、更可持续、更为安全的发展之路。在全面深化改革开放上，党不断推动全面深化改革向广度和深度进军，中国特色社会主义制度更加成熟更加定型，国家治理体系和治理能力现代化水平不断提高，党和国家事业焕发出新的生机活力。在政治建设上，积极发展全过程人民民主，我国社会主义民主政治制度化、规范化、程序化全面推进，中国特色社会主义政治制度优越性得到更好发挥，生动活泼、安定团结的政治局面得到巩固和发展。在全面依法治国上，中国特色社会主义法治体系不断健全，法治中国建设迈出坚实步伐，党运用法治方式领导和治理国家的能力显著增强。在文化建设上，我国意识形态领域形势发生全局性、根本性转变，全党全国各族人民文化自信明显增强，全社会凝聚力和向心力极大提升，为新时代开创党和国家事业新局面提供了坚强思想保证和强大精神力量。在社会建设上，人民生活全方位改善，社会治理社会化、法治化、智能化、专业化水平大幅度提升，发展了人民安居乐业、社会安定有序的良好局面，续写了社会长期稳定奇迹。在生态文明建设上，党中央以前所未有的力度抓生态文明建设，美丽中国建设迈出重大步伐，我国生态环境保护发生历史性、转折性、全局性变化。在国防和军队建设上，人民军队实现整体性革命性重塑、重整行装再出发，国防实力和经济实力同步提升，人民军队坚决履行新时代使命任务，以顽强斗争精神和实际行动捍卫了国家主权、安全、发展利益。在维护国家安全上，国家安全得到全面加强，经受住了来自政治、经济、意识形态、自然界等方面的风险挑战考验，为党和国家兴旺发达、长治久安提供了有力保证。在坚持“一国两制”和推进祖国统一上，党中央采取一系列标本兼治的举措，坚定落实“爱国者治港”“爱国者治澳”，推动香港局势实现由乱到治的重大转折，为推进依法治港治澳、促进“一国两制”实践行稳致远打下了坚实基础；坚持一个中国原则和“九二共识”，坚决反对“台独”分裂行径，坚决反对外部势力干涉，牢牢把握两岸关系主导权和主动权。在外交工作上，中国特色大国外交全面推进，构建人类命运共同体成为引领时代潮流和人类前进方向的鲜明旗帜，我国外交在世界大变局中开创新局、在世界乱局中化危为机，我国国际影响力、感召力、塑造力显著提升[①]。

（二）牢牢把握习近平新时代中国特色社会主义思想的世界观和方法论

科学的世界观和方法论是我们研究问题、解决问题的“总钥匙”。2023年3月30日，习近平总书记在二十届中共中央政治局第四次集体学习时指出：“学深悟透新时代中国特色社会主义思想，还必须把握这一思想的世界观、方法论和贯穿其中的立场观点方法”，“只有准确把握包括‘六个必须坚持’在内的新时代中国特色社会主义思想的立场观点方法，才能更好领会新时代中国特色社会主义思想的精髓要义，才能把思想方法搞对头，认识问题才站得高，分析问题才看得深，开展工作也才能把得准，确保张弛有度、收放自如”[②]。“六个必须坚持”是相互联系、内在统一的有机整体，集中体现了习近平新时代中国特色社会主义思想的世界观和方法论，体现了贯穿这一思想的立场观点和方法，全面学习领会习近平新时代中国特色社会主义思想就要深刻把握“六个必须坚持”的丰富内涵。

① 《中国共产党第十九届中央委员会第六次全体会议公报》，《人民日报》2021年11月12日。

② 《习近平在中共中央政治局第四次集体学习时强调 把学习贯彻新时代中国特色社会主义思想不断引向深入》，《人民日报》2023年4月1日。

1. 必须坚持人民至上

人民性是马克思主义的本质属性，党的理论是来自人民、为了人民、造福人民的理论，人民的创造性实践是理论创新的不竭源泉。一切脱离人民的理论都是苍白无力的，一切不为人民造福的理论都是没有生命力的。我们要站稳人民立场、把握人民愿望、尊重人民创造、集中人民智慧，形成为人民所喜爱、所认同、所拥有的理论，使之成为指导人民认识世界和改造世界的强大思想武器。

2. 必须坚持自信自立

中国人民和中华民族从近代以后的深重苦难走向伟大复兴的光明前景，从来就没有教科书，更没有现成答案。党的百年奋斗成功道路是党领导人民独立自主探索开辟出来的，马克思主义的中国篇章是中国共产党人依靠自身力量实践出来的，贯穿其中的一个基本点就是中国的问题必须从中国基本国情出发，由中国人自己来解答。我们要坚持对马克思主义的坚定信仰、对中国特色社会主义的坚定信念，坚定道路自信、理论自信、制度自信、文化自信，以更加积极的历史担当和创造精神为发展马克思主义作出新的贡献，既不能刻舟求剑、封闭僵化，也不能照抄照搬、食洋不化。

3. 必须坚持守正创新

我们从事的是前无古人的伟大事业，守正才能不迷失方向、不犯颠覆性错误，创新才能把握时代、引领时代。我们要以科学的态度对待科学、以真理的精神追求真理，坚持马克思主义基本原理不动摇，坚持党的全面领导不动摇，坚持中国特色社会主义不动摇，紧跟时代步伐，顺应实践发展，以满腔热忱对待一切新生事物，不断拓展认识的广度和深度，敢于说前人没有说过的新话，敢于干前人没有干过的事情，以新的理论指导新的实践。

4. 必须坚持问题导向

问题是时代的声音，回答并指导解决问题是理论的根本任务。今天我们所面临问题的复杂程度、解决问题的艰巨程度明显加大，给理论创新提出了全新要求。我们要增强问题意识，聚焦实践遇到的新问题、改革发展稳定存在的深层次问题、人民群众急难愁盼问题、国际变局中的重大问题、党的建设面临的突出问题，不断提出真正解决问题的新理念新思路新办法。

5. 必须坚持系统观念

万事万物是相互联系、相互依存的。只有用普遍联系的、全面系统的、发展变化的观点观察事物，才能把握事物发展规律。我国是一个发展中大国，仍处于社会主义初级阶段，正在经历广泛而深刻的社会变革，推进改革发展、调整利益关系往往牵一发而动全身。我们要善于通过历史看现实、透过现象看本质，把握好全局和局部、当前和长远、宏观和微观、主要矛盾和次要矛盾、特殊和一般的关系，不断提高战略思维、历史思维、辩证思维、系统思维、创新思维、法治思维、底线思维能力，为前瞻性思考、全局性谋划、整体性推进党和国家各项事业提供科学思想方法。

6. 必须坚持胸怀天下

中国共产党是为中国人民谋幸福、为中华民族谋复兴的党，也是为人类谋进步、为世界谋大同的党。我们要拓展世界眼光，深刻洞察人类发展进步潮流，积极回应各国人民普遍关切，为解决人类面临的共同问题作出贡献，以海纳百川的宽阔胸襟借鉴吸收人类一切优秀文明成果，推动建设更加美好的世界[①]。

四、心怀“国之大者”

2020 年 4 月，习近平总书记在陕西考察时，针对秦岭违建带来的严重影响和深刻教训，首次提出“国之大者”，特别强调“各级党委和领导干部要自觉讲政治，对国之大者一定要心中有数”。此后，“国之大者”作

① 习近平:《高举中国特色社会主义伟大旗帜 为全面建设社会主义现代化国家而团结奋斗——在中国共产党第二十次全国代表大会上的报告》,《人民日报》2022 年 10 月 26 日。

为高频词，频频出现在习近平总书记的讲话、报告中，充分表明其重要性。“国之大者”内涵丰富，简言之就是责之重者，就是以习近平同志为核心的党中央时刻关心的、坚持的、维护的，在党和国家事业发展中居于核心位置和优先地位的国家大事要务。每个历史阶段会面临不同的社会环境，需要解决不同的问题、化解不同的矛盾。“国之大者”彰显着一个历史阶段治国理政的核心主题，具有鲜明的时代指向。新时代新征程，党员干部树立和践行正确权力观、政绩观、事业观，对“国之大者”要心中有数、了然于胸，这绝非能够轻易实现且一劳永逸的，而是需要细照笃行的信念修炼、知行合一的实践磨砺、持续不断的自我革命，这样才能有大格局、干大事业，成大才、担大任。

1. 坚定理想信念

坚定理想信念，需要每一个党员干部牢记“国之大者”、心怀“国之大者”。理想信念是滋养广大党员干部心怀“国之大者”的政治灵魂，是保障“国之大者”行稳致远的精神支柱。百余年来，我们党之所以能够历经沧桑却依旧风华正茂，饱经磨难却始终生机勃勃，书写出中华民族历史上最为恢宏的史诗，关键就在于广大共产党人对理想信念的坚定追求。今天，要更好地发展我们的国家，续写“国之大者”的时代传奇，离不开理想信念的力量。因此，广大党员干部一定要坚定对马克思主义的信仰、对共产主义和中国特色社会主义的信念。倘若丧失理想信念，或者理想信念不够坚定，私心杂念便会如杂草般丛生，当遭遇挫折、陷入低谷之际，便经不起风吹浪打，甚至可能临阵脱逃。所以，理想信念绝不能仅仅停留在口头上的高谈阔论，或是局限于文章里的华丽辞藻，它必须真正内化于心，成为心灵深处的坚守与指引；外化于行，体现在日常的一举一动、一言一行之中，一辈子坚信坚守、常修常炼。

2. 旗帜鲜明讲政治

旗帜鲜明讲政治，既是马克思主义政党的鲜明特征，也是我们党一以贯之的政治优势。政治问题，任何时候都是根本性的大问题。习近平总书记强调“要自觉讲政治，对国之大者要心中有数，关注党中央在关心什么、强调什么，深刻领会什么是党和国家最重要的利益、什么是最需要坚定维护的立场”[①]。对党员干部特别是领导干部而言，心怀“国之大者”，首要的是站稳政治立场、把准政治方向，在重大原则和大是大非问题上绝不能有任何含糊和动摇。只有这样，对党中央的大政方针和决策部署才能领会更透彻，工作起来才能更有预见性和主动性。

党员干部心怀“国之大者”，必须旗帜鲜明讲政治，善于从政治上观察和处理问题，使讲政治的要求从外部要求转化为内在主动。当前，部分党员干部政治意识不强、政治敏锐性不高，不善于从政治上观察和处理问题，对“国之大者”不关心，对政治要求、政治规矩、政治纪律不上心，对各种问题的政治危害性不走心，对贯彻落实党中央的大政方针不用心。政治上不合格，就不可能领会党和国家最重要的利益。因此，党员干部旗帜鲜明讲政治，离不开过硬的能力作支撑，在工作中要不断提高政治判断力、政治领悟力、政治执行力。提高政治判断力，关键在于牢牢把握政治判断的三个标尺，不断增强科学把握形势变化、精准识别现象本质、清醒明辨行为是非、有效抵御风险挑战的能力，从而于复杂多变的局势中站稳政治立场，精准把握政治方向。提高政治领悟力，关键在于深化理论武装，对党中央精神要做到学深悟透、入脑入心，并坚持运用党中央精神分析形势、指引工作，确保在思想上政治上行动上同党中央保持高度一致。提高政治执行力，关键在于牢固树立底线思维，自觉与党中央精神对表对标，将党中央精神不折不扣地贯彻执行到位，以坚决有力的实际行动彰显政治担当。

① 《习近平在陕西考察时强调 扎实做好“六稳”工作落实“六保”任务 奋力谱写陕西新时代追赶超越新篇章》，《人民日报》2020 年 4 月 24 日。

3. 立足两个大局

习近平总书记指出："领导干部要胸怀两个大局，一个是中华民族伟大复兴的战略全局，一个是世界百年未有之大变局，这是我们谋划工作的基本出发点。""不谋全局者，不足谋一域。"[①]广大党员干部心怀"国之大者"，必须统筹中华民族伟大复兴战略全局和世界百年未有之大变局，准确把握"两个大局"的规律性和互动性。"两个大局"不是彼此割裂的，而是同步交织、相互激荡、相互牵制、相互影响的。中华民族伟大复兴是影响当前世界百年未有之大变局前途和走向的关键变量，而世界百年未有之大变局反过来会影响中华民族伟大复兴的战略全局。中国的发展离不开世界，世界的发展需要中国。世界好，中国才能好；中国好，世界才更好。

当前和今后一个时期，我国发展仍处于重要战略机遇期，但机遇和挑战都有新的发展变化。新征程上，广大党员干部树立和践行正确权力观、政绩观、事业观，要准确把握世界之变、时代之变、历史之变，用全面、辩证、长远的眼光审视国内外形势的变化，认清规律、识变应变，深刻认识我国社会主要矛盾变化带来的新特征新要求，深刻领会错综复杂的国际环境引发的新矛盾新挑战。既增强机遇意识，善于抓住有利于我国发展的各种因素，又增强风险意识，更好应对我国发展面临的问题和挑战，牢牢把握工作主动权，调动一切可以调动的积极因素，团结一切可以团结的力量，全力办好自己的事，锲而不舍实现既定目标。

4. 常怀敬畏之心

敬畏是一种美德，对于党员干部来说，敬畏既是为人处世的思想觉悟，也是政治上成熟的表现，对其树立正确的权力观、政绩观、事业观具有重要意义。常言道，人有所畏，其家必和；官有所畏，其政必兴；事有所畏，其业必成。常怀敬畏之心是共产党人心怀"国之大者"的态度，更是共产

① 《习近平总书记江西考察并主持召开座谈会微镜头》，《人民日报》2019 年 5 月 23 日。

党人心怀“国之大者”的规矩和底线。

心怀“国之大者”，一要敬畏人民。人民是国家的主人，权力是人民赋予的，只有敬畏人民，做到权为民所用、情为民所系、利为民所谋，才能得到人民的拥护和支持，江山才能守得住、立得牢。二要敬畏法纪。国有国法，党有党纪。身为党员干部，必须始终坚守党纪国法底线，悬规植矩、挺纪在前、依法办事。要时刻保持敬畏之心，做到心有所畏、言有所戒、行有所止，自觉以党纪国法规范手中权力。三要敬畏权力。无论是小权还是大权，都是党和人民赋予的，是为人民谋福利的公权而不是为个人谋私利的工具，如果不敬畏权力，就会偏离正轨、走入歧途、作风飘浮。因此，要以敬畏之心心怀“国之大者”，让守纪律、讲规矩成为一种习惯、一种追求、一种常态。

5. 锤炼实干担当

“大道至简，实干为要”。心怀“国之大者”，就要强调责任担当，时刻胸怀忧党、忧国、忧民的责任意识、担当精神，善于把远大目标、奋斗纲领同脚踏实地、埋头苦干紧密结合起来。

空谈误国，实干兴邦。担当和作为是浑然一体的，以中国式现代化全面推进强国建设、民族复兴任务艰巨，工作繁重，要作为就要有担当，不担当就没有作为，因此要把责任扛在肩上、落在脚下，体现在实际行动中。针对当前社会上存在的“无过即是功”“不求有功，但求无过”“多做亦是多错”的错误思想，我们要以刀刃向内的气魄主动凝聚担当意识，要以反求诸己的勇气持续深化担当精神，多一些“是什么”的求知好问，少一些“凭什么”的推诿扯皮，以拼搏奋斗的责任担当回应新时代新期待。

习近平总书记之所以再三强调党员干部要心怀“国之大者”，是因为这是人民的殷切期望、改革的迫切要求、历史的深厚传承以及使命的重大责任。党员干部心怀“国之大者”，关键在于知行合一。一分部署，九分落实。抓落实是领导工作中一个极为重要的环节，必须牢固树立和践行正确权力观、政绩观、事业观，大力弘扬求真务实、真抓实干的优良作风，做到直面矛盾而毫不退缩、勇于挑战而无所畏惧、事不避难而果敢前行、义不逃责而担当作为，不折腾、不反复，切实把工作抓具体抓细致抓扎实，作出无愧于时代、无愧于人民、无愧于历史的成就。

第五章

心中有党，

涵养党性正“三观”

党性是党员干部的灵魂，信仰是党员干部的精神支柱。党员要强化党性修养，始终做到心中有党。心中有党意味着在思想上、政治上、行动上同以习近平同志为核心的党中央保持高度一致。当党员干部心中装着党时，党性就会在其内心深处生根发芽。这种党性体现在对党的理论的深入学习和领会，对党的路线方针政策的坚决贯彻执行。对于党员干部而言，心中有党，是涵养党性，树立和践行正确权力观、政绩观、事业观的基石和源泉。面对各种思潮的冲击，心中有党就能坚定地维护党的领导，不为外界干扰所动摇。在新时代的伟大征程中，党员干部只有将党铭刻在心中，以党性为指引，端正“三观”，才能在纷繁复杂的环境中坚守正道，为党和人民的事业不懈奋斗。

一、坚持党性原则

习近平总书记指出，坚持党性原则是政治工作的根本要求，必须坚持党的原则第一、党的事业第一、人民利益第一，在党言党、在党忧党、在党为党，把爱党、忧党、兴党、护党落实到工作各个环节[①]。在历史的宏大叙事中，党性原则是党之根本，犹如参天大树的根基，稳固而坚实，承载着党和人民事业发展的繁茂枝叶。无论是面对残酷的战争考验，还是艰巨的发展任务，坚持党性原则始终是党员干部的立身之本。它不是抽象的概念，而是体现在每一次决策、每一项行动、每一位党员对党的忠诚和对人民的奉献之中。党员干部要树立和践行正确权力观、政绩观、事业观，就必须坚持党性原则，它会在纷繁复杂的政治生态和发展环境中，为党员干部指引方向。

1. 对党绝对忠诚是首要

对党员干部来说，思想上的滑坡是最严重的病变，缺乏正确的权力

① 《全军政治工作会议在古田召开 习近平出席会议并发表重要讲话强调 发挥政治工作对强军兴军的生命线作用 为实现党在新形势下的强军目标而奋斗》，《人民日报》2014 年 11 月 2 日。

观、政绩观、事业观必然导致出轨越界。坚持党性原则，最首要的就是对党绝对忠诚。习近平总书记多次指出，共产党员要对党绝对忠诚。他强调："对党绝对忠诚要害在'绝对'两个字，就是唯一的、彻底的、无条件的、不掺任何杂质的、没有任何水分的忠诚。"[①] 如果广大党员干部不能做到对党绝对忠诚，不能同党中央保持高度一致，就会极大影响党的凝聚力和战斗力，我们党就难以应对各种风险挑战，难以团结带领人民实现中华民族的伟大复兴。对党绝对忠诚既是对党员干部的根本政治要求，也是党和人民的事业顺利发展的坚强政治保证。党员干部必须坚持正确政治方向，牢记自己的第一身份是共产党员，第一职责是为党工作，必须深刻领悟"两个确立"的决定性意义，不断增强"四个意识"、坚定"四个自信"、做到"两个维护"，始终做到在党言党、在党忧党、在党为党，把对党绝对忠诚落实到各项工作的各个环节中。

广大党员干部要不断强化对党的认同感、归属感，把对党绝对忠诚内化于心、外化于行，把自己的命运和党的命运紧密联系在一起。要胸怀高度的责任感、使命感和担当精神，自觉树立和践行正确权力观、政绩观、事业观，将一切奉献给党的事业。

2. 强化理论武装是核心

党性上的坚定，离不开理论上的坚定。我们党是用马克思主义武装起来的政党，始终重视和加强党员干部队伍的理论修养。理论武装锻造坚定信仰，共产党人的理想信念是建立在对马克思主义的深刻理解之上，建立在对历史规律的深刻把握之上的。党员干部要坚持以与时俱进的态度学习和运用马克思主义理论，要在常学常新中加强理论修养，深入学习贯彻马克思列宁主义、毛泽东思想、邓小平理论、"三个代表"重要思想、科学发展观和习近平新时代中国特色社会主义思想。党员干部要自觉把加强理论修养当作一种神圣职责、一种精神境界、一种毕生

① 《习近平关于全面从严治党论述摘编（2021 年版）》，中央文献出版社 2021 年版，第 98 页。

追求，在真学真懂真信真用中获得真理力量，强化理论武装，坚持党性原则。

当前，中国式现代化就是我们党领导人民在长期探索和实践中取得的重大创新理论成果，蕴含着人类社会发展的客观规律，扎根于中华文化传统和中国具体实际，是建设社会主义现代化强国、实现中华民族伟大复兴的光明大道。2024 年 7 月 15 日至 18 日，党的二十届三中全会在北京举行，全会审议通过了《中共中央关于进一步全面深化改革、推进中国式现代化的决定》，对进一步全面深化改革作出系统部署。党员干部必须倍加珍惜、始终坚持，一以贯之坚定中国式现代化的理论自觉和道路自信，将权力观、政绩观、事业观融入中国式现代化的进程中，这也是新征程上坚持党性原则的具体体现。

3. 始终严明纪律是关键

我们党是靠共同理想和钢铁般的纪律组织起来的马克思主义政党，我们党的一个鲜明特征就是具有严密的组织性和纪律性，这也正是我们党能够从一个胜利走向另一个胜利的重要原因之一。党自从成立开始，就把纪律鲜明刻在旗帜上。党的首部纲领和首部党章都把纪律摆在重要位置。革命战争年代，毛泽东提出“加强纪律性，革命无不胜”[①]的著名论断。党通过“三大纪律，八项注意”“四个服从”“六条规矩”等严明的纪律保证了革命的胜利。改革开放初期，邓小平指出：“我们这么大一个国家，怎样才能团结起来、组织起来呢？一靠理想，二靠纪律。”[②]党坚持党要管党，加大制度建设力度，制定了《关于党内政治生活的若干准则》等纪律规矩，保障了改革开放和现代化建设的顺利进行。

党的十八大以来，面对“四大考验”“四种危险”，习近平总书记指出：

① 《毛泽东文集》第 5 卷，人民出版社 1996 年版，第 194 页。

② 《邓小平文选》第 3 卷，人民出版社 1993 年版，第 111 页。

"党要管党、从严治党，靠什么管，凭什么治？就要靠严明纪律。"[①]党把纪律建设提升到党的建设总要求和总布局的新高度，坚持把纪律挺在前面，全面从严治党取得显著成效，为实现"两个一百年"的奋斗目标提供了坚强有力的保障[②]。

当前，世界百年未有之大变局加速演进，世界之变、时代之变、历史之变正以前所未有的方式展开，各种利益诱惑、腐朽思想的侵蚀也随之而来。坚持党性原则，树立和践行正确权力观、政绩观、事业观，要求广大党员干部时刻紧绷纪律之弦，在思想上筑牢纪律意识的堤坝，始终严明纪律，保持艰苦奋斗的政治本色，追求健康向上的生活方式，保持社交圈、生活圈纯净，切实做到知敬畏、存戒惧、守底线。

4. 坚守人民立场是根本

习近平总书记指出，人民是历史的创造者，群众是真正的英雄。人民群众是我们力量的源泉[③]。坚持党性原则，坚守人民立场是根本。我们党来自人民、植根人民、服务人民，党的根基在人民、血脉在人民、力量在人民。如果失去了人民的拥护与支持，那党的事业和工作就无从谈起。人民立场是中国共产党的根本政治立场，也是马克思主义政党区别于其他政党的显著标志。

党性和人民性从来都是一致的、统一的。党性和人民性的统一，是由党的初心使命和全心全意为人民服务的根本宗旨所决定的。历史唯物主义认为，人民群众是历史的创造者，是社会存在和发展的最终决定力量。他们是社会生产力的体现者，也是物质和精神财富的创造者。人民群众的期盼、需求与智慧是推动改革不断前进的源泉。当前，我们强调

① 《习近平关于党风廉政建设和反腐败斗争论述摘编》，中央文献出版社、中国方正出版社2015年版，第36页。

② 王瑾:《用严明的纪律管全党治全党》,《群众》2024年第9期。

③ 《习近平在十八届中共中央政治局常委同中外记者见面时强调 人民对美好生活的向往就是我们的奋斗目标》,《人民日报》2012年11月16日。

进一步全面深化改革，我们党推进改革的根本目的，就是要让国家更加富强、社会更加公平、人民生活更加美好，如果不能给人民群众带来实实在在的利益，如果不能创造更加公平的社会环境，甚至导致更多的不公平，改革也就失去意义了，也不可能持续。只有紧紧依靠人民群众，尊重人民群众的首创精神，才能实现改革的预期目标。因此，党员干部必须将人民的利益作为干事创业的出发点和落脚点，将人民的满意度作为衡量政绩、事业的根本标准，始终坚持人民至上的原则，坚守人民立场。

二、强化党性锻炼

党性是党员干部立身、立业、立言、立德的基石，必须在系统的党性教育中持续锻炼、不断加强。在新的赶考之路上，广大党员干部要不断强化党性锻炼、提高党性觉悟，努力涵养过硬的政治品格，注重提高政治能力、牢固树立政治理想、正确把握政治方向、坚定站稳政治立场、严格遵守政治纪律、加强政治历练、积累政治经验，自觉把讲政治贯穿于党性锻炼的全过程，树立和践行正确权力观、政绩观、事业观，不断把中国特色社会主义伟大事业推向前进。

1. 坚持实事求是

实事求是就是最大的党性。习近平总书记指出："坚持从实际出发、实事求是，不只是思想方法问题，也是党性强不强问题。"[①] 实事求是既是我们党的思想路线，也是共产党人党性的集中体现，我们要把坚持实事求是作为党性锻炼的重要内容。坚持实事求是，想问题、作决策、办事情始终从实际情况出发，以抓铁有痕、踏石留印的务实作风推动各项工作落实

① 《习近平在中央党校（国家行政学院）中青年干部培训班开班式上发表重要讲话强调 信念坚定对党忠诚实事求是担当作为 努力成为可堪大用能担重任的栋梁之才》，《人民日报》2021年9月2日。

落细，把实事求是原则融入履行肩负的使命任务之中，融入当前的各项工作之中。

什么叫党性强？实事求是就是最基本的要求。事实表明，能不能做到从实际出发，敢不敢坚持实事求是，考验政治立场、政治品格，检验党性修养、党性原则，正是党员干部党性纯不纯、强不强的一个重要体现。要强党性，就必须坚持以党性立身做事，敢于坚持真理，善于独立思考，坚持求真务实，坚决防止主观主义的工作指导、脱离群众的工作作风、急功近利的工作态度和机械教条的工作方法。党员干部是不是实事求是，可以从很多方面来看，但最根本的是要看是否能讲真话、报实情、干实事、求实效。讲真话、干实事的人，从不弄虚作假、虚报浮夸，从不隐瞒实情、报喜不报忧，而是讲原则不讲面子、讲党性不徇私情，在求真务实、真抓实干中把好事办实、把实事办好。现实中，讲话可以讲究艺术，但一定要有明确的态度立场；干事可以灵活，但一定要追求实实在在的效果[①]。

2. 严于自我约束

共产党员的党性锻炼，说到底就是树立和践行正确的立场、世界观的问题。共产党员加强党性锻炼，为的就是彻底改造自己的主观世界，树立和践行正确权力观、政绩观、事业观。这既是一个理论问题也是一个实践问题，既是一项常态工作也是一项长期任务，必须做在经常、融入实践，持之以恒、常修常炼。

我们党需要自我净化、自我革新，党员干部同样需要自我完善、自我提高。党员干部是党的事业的骨干，是党的路线方针政策的制定者和执行者，是实现党的各项任务的组织者，一言一行都会影响周边、影响社会，理应以更高的标准严格要求自己，为广大党员群众当好旗帜和标杆。党的

① 丁勇：《实事求是就是最大的党性——加强党性教育和党性修养，修炼共产党人的“心学”⑥》，《解放军报》2024 年 7 月 30 日。

领导干部只有注重自我养成、严于自我约束，不断改善自己的作风和形象，才能进一步巩固党的执政基础，增强党的创造力、凝聚力、战斗力，使党更好地承担起肩负的历史使命。

党员干部的党性修养、道德水平，不会随着党龄工龄的增长而自然提高，也不会随着职务的升迁而自然提高，必须强化自我修炼、自我约束、自我改造。要自觉把锻炼坚强党性作为人生必修课、从政常修课紧抓不放，自觉接受政治体检、群众监督。要坚持真诚的而不是敷衍的态度，开展深刻的而不是肤浅的学习，树牢和践行正确权力观、政绩观、事业观。

3. 加强党性教育

习近平总书记强调，党性教育是共产党人修身养性的必修课[①]。党性教育旨在培养党员的党性修养，使党员具备忠诚于党、为人民服务、遵守党规党纪等优秀品质，是强化党性锻炼的重要途径。通过党性教育，可以让党员干部深刻认识到自己的政治身份和责任，自觉维护党的团结统一，在思想上、政治上、行动上同党中央保持高度一致。其目标是塑造具有坚定政治立场、高尚道德情操、强烈责任担当的党员队伍，帮助党员干部树立和践行正确权力观、政绩观、事业观，使党员成为践行党的宗旨、推动党的事业发展的中坚力量。

第一，认真学习贯彻习近平总书记关于党性教育的重要论述。党的十八大以来，习近平总书记就加强党性教育作出一系列重要论述。这些重要论述为新时代党性教育提供了根本遵循和行动指南。党性教育关乎党员队伍的先进性和纯洁性，影响着党和国家事业发展的根本方向。在实践中，我们要以这些论述为指引，强化理论武装，将马克思主义理论内化为坚定的理想信念和政治灵魂，确保在大是大非面前保持敏锐的政治鉴别力，不为错误思潮所动摇。在工作中，时刻以党性为标杆衡量自

① 《习近平在全国党校工作会议上强调 坚持党校姓党根本工作原则 切实做好新形势下党校工作》，《人民日报》2015年12月13日。

己的行为，把党和人民的利益放在首位，勇于担当作为，积极应对各种困难和挑战，展现出新时代共产党员的风采。无论是在脱贫攻坚战场上，还是在科技创新前沿，抑或是在社会治理的基层一线，都让党性之光闪耀，将党性教育的成果转化为实实在在为人民谋幸福、为民族谋复兴的生动实践。

第二，严肃认真开展党内政治生活。党内政治生活是坚持党的性质和宗旨、保持先进性和纯洁性的重要法宝。严肃认真开展党内政治生活，是中国共产党的优良传统，也是区别于其他政党的鲜明标志，更是全面从严治党的题中应有之义。严肃认真开展党内政治生活，必须以党章为根本遵循。党章是全党必须遵循的总章程、总规矩，涵盖了党的政治路线、思想路线、组织路线、群众路线，体现了党的政治要求、思想要求、组织要求、作风要求、纪律要求和生活要求等，必须以党章为根本遵循加强和规范党内政治生活。党员干部要自觉尊崇党章、模范践行党章、忠诚捍卫党章，知敬畏、存戒惧、守底线，自觉弘扬伟大建党精神，站稳政治立场，践行党的根本宗旨，做到务必不忘初心、牢记使命，务必谦虚谨慎、艰苦奋斗，务必敢于斗争、善于斗争。在党内政治生活中，党员干部应从政治、思想、能力、作风、纪律各个方面进行党性分析，打扫思想上的政治灰尘。要坚决杜绝套路化、形式化、模板化等苗头倾向，不断增强党内政治生活的政治性、时代性、原则性、战斗性。

第三，坚持党性党风党纪一起抓。习近平总书记指出：“党性、党风、党纪是有机整体，党性是根本，党风是表现，党纪是保障。”[①] 要抓住党性这个根本，从思想上固本培元，提高党性觉悟，涵养浩然正气。党性反映内在，决定党员干部的作风形象和纪律自觉。党性强，作风就硬，自律就严。没有坚强的党性作支撑，内心就缺乏对党纪的敬畏，就更不用说作风上的高标准严要求了。如果党性不纯、私心作祟，思想深处的堤

① 习近平：《在纪念乔石同志诞辰100周年座谈会上的讲话》，《人民日报》2024年12月17日。

坝筑不牢，自然就会行为不端、作风不正。优良的党风，既是对党性的滋养促进，也是对党纪的维护加固。作风上出现了问题，如果放任不管，理想信念就会动摇甚至坍塌，破纪违法也在所难免。严明的党纪，是对党员干部的震慑约束，要求党员干部绝对不能越底线、碰红线，使党员干部清楚地知道什么能干、什么不能干，在潜移默化中帮助党员干部自律，实现党性的升华。要坚持党性党风党纪一起抓，从思想上固本培元，提高党性觉悟，增强拒腐防变能力，涵养富贵不能淫、贫贱不能移、威武不能屈的浩然正气。

三、净化政治生态

2024 年 1 月 8 日，习近平总书记在二十届中央纪委三次全会上讲话强调，要持之以恒净化政治生态。坚持激浊和扬清并举，严明政治纪律和政治规矩，严肃党内政治生活，破“潜规则”，立“明规矩”，坚决防止搞“小圈子”“拜码头”“搭天线”，有力打击各种政治骗子，严格防止把商品交换原则带到党内。坚持不懈整治选人用人上的不正之风，推动形成清清爽爽的同志关系、规规矩矩的上下级关系，促进政治生态山清水秀[①]。政治生态是一个地方或一个领域政治生活现状以及政治发展环境的集中反映，是党风、政风、社会风气的综合体现。良好的政治生态是政党生存与发展的基础，是社会稳定和经济发展的重要保障，是党员干部树立和践行正确权力观、政绩观、事业观的土壤。然而，在当前的政治生活中，政治生态面临着诸多挑战，比如形式主义、官僚主义等不良作风依然存在，一些地方和部门的政治生态遭到破坏，严重影响了党和政府的公信力，损害了人民群众的利益。因此，净化政治生态成为了党和国家建设中的一项重要而紧迫的任务。这一任务关系到党的先进性和纯洁性，关系到党和国家事业

① 《习近平在二十届中央纪委三次全会上发表重要讲话强调 深入推进党的自我革命 坚决打赢反腐败斗争攻坚战持久战》，《人民日报》2024 年 1 月 9 日。

的兴衰成败，对于全面建设社会主义现代化国家、全面推进中华民族伟大复兴具有深远意义。

政治生态是一个有机整体，各个要素相互关联、相互影响。例如，党员干部的腐败行为以及权力观、政绩观、事业观错位，不仅仅是个人道德问题，它还可能反映出政治制度存在漏洞、监督机制不完善以及政治文化中对权力缺乏正确认知等多种问题，甚至一些交织叠加问题。一个环节出现问题可能会引发连锁反应，影响整个政治生态的平衡。

政治生态不是一成不变的，它随着社会经济发展、政治制度改革和文化变迁而不断变化。在不同的历史时期，政治生态有着不同的表现。比如在社会转型期，新的利益群体出现，原有的政治制度和政治文化可能需要调整适应，这时政治生态就处于动态变化过程中，需要及时引导和优化。

政治生态受到多种因素的影响，包括国内外政治形势、经济发展水平、社会阶层结构、历史文化传统等。不同地区由于其经济发展不平衡、文化差异等因素，政治生态也会呈现出复杂多样的特点。比如沿海发达地区和中西部欠发达地区在政治参与、政府治理等方面可能存在不同的情况。

党是中国特色社会主义事业的领导核心，党的先进性和纯洁性是党的生命所系、力量所在。要保持党的先进性和纯洁性，就必须净化政治生态。净化政治生态能够有效防止党内腐败、思想蜕化等问题，帮助党员干部树立和践行正确权力观、政绩观、事业观。在良好的政治生态下，政府决策科学民主、行政公正廉洁、服务高效优质。当民众看到政府切实为人民利益着想、为人民办事时，会增强对政府的信任。同样，党内风清气正，党员干部以身作则，会让人民更加坚定地拥护党的领导。相反，若政治生态恶化，腐败现象丛生，形式主义、官僚主义泛滥，党和政府的公信力就会受到严重损害。净化政治生态是重新赢得民众信任、巩固党和政府执政基础的关键。

稳定的政治环境是社会稳定的前提，净化政治生态可以减少社会矛盾的产生。当政治生态健康时，资源分配更加公平合理，社会阶层之间的关系更加和谐，避免因权力寻租、利益分配不公等引发的社会冲突。在经济发展方面，良好的政治生态能够营造公平竞争的市场环境，吸引投资，激发企业创新活力。政府能够更好地履行经济调节、市场监管等职能，推动经济持续健康发展。

净化政治生态还有利于拓宽公民政治参与渠道，提高公民政治参与意识。当政治环境清明时，公民更愿意参与政治事务，表达自己的意见和诉求。同时，政治生态的净化可以规范政治参与行为，避免非法、无序的政治参与，保障民主政治在法治的轨道上有序推进，促进决策的科学化、民主化。

净化政治生态是一项长期而艰巨的系统工程，关系到党和国家的前途命运。我们必须深刻认识到政治生态建设的重要性，准确把握当前政治生态存在的问题，通过加强党风廉政建设、整治形式主义和官僚主义、培育健康政治文化和完善政治制度等一系列措施，持续不断地净化政治生态。只有这样，我们才能维护党的先进性和纯洁性，增强党和政府的公信力，保障社会稳定和经济发展，促进民主政治建设，为实现中华民族伟大复兴创造良好的政治环境。在实践过程中，要不断总结经验，与时俱进，根据新的形势和问题及时调整和优化净化政治生态的策略，确保政治生态始终朝着健康、有序的方向发展。同时，全社会要共同参与，形成政府、社会组织、公民等多主体协同推进的良好局面，让良好的政治生态成为国家发展的坚实支撑。

加强党风廉政建设，持续推进反腐败斗争。强化监督执纪问责，建立健全全方位的监督体系。充分发挥各级纪检监察机关的作用，运用好监督执纪“四种形态”。落实问责制度，对那些在党风廉政建设中履行主体责任和监督责任不力的党组织和领导干部进行问责。保持高压态势，对腐败行为零容忍，加大查处力度，通过典型案例形成有力震慑。加强制度建设，完善廉政风险防控机制。加强对党员干部的教育，提高其廉洁自律意识，通过开展廉政文化教育活动、参观廉政教育基地等方式，让廉洁从政的观念深入人心。

整治形式主义和官僚主义，改进工作作风。加强对党员干部的思想教育，引导他们树立以人民为中心的发展思想，将人民群众满不满意作为衡量工作的重要标准。在干部考核评价中，不仅要关注经济指标等显性成绩，更要注重民生改善、社会稳定等实际效果。建立科学合理的政绩考核体系，促使党员干部真正为人民群众办实事、解难题。加强对政府部门工作流程的优化，提高办事效率，推动政府部门改进工作作风。

培育健康积极的政治文化。将社会主义核心价值观融入到政治文化建设中，在全社会倡导民主、法治、公平、正义等价值观念。通过宣传教育、文化活动等多种形式，让这些价值观成为党员干部的行为准则。对于权力崇拜、圈子文化等不良政治文化现象要坚决抵制。加强对党员干部的思想教育，让他们认识到这些不良文化的危害。同时，在干部选拔任用、组织建设等过程中，打破小圈子的束缚，建立公平公正的竞争机制。通过完善制度和加强监督，防止干部在政治生活中搞团团伙伙，营造风清气正的政治文化氛围。

完善和强化制度建设与执行。根据社会发展的新情况和新问题，不断完善相关制度。在权力运行方面，建立更加科学合理的权力清单制度，明确各级政府部门和党员干部的权力边界，防止权力越位和滥用。在监督制度方面，进一步完善巡视巡察制度，加强对基层党组织和党员干部的监督。同时，加强对新兴领域的制度建设，如在互联网政治参与、大数据监管等方面制定相应的制度规范。加强对制度执行情况的监督检查，建立制度执行的考核评估机制。对于那些执行制度不力的单位和个人要进行通报批评和问责。同时，加强对制度执行人员的培训，提高他们对制度的理解和执行能力，确保制度能够真正落到实处，发挥其应有的作用。

四、做政治上的明白人、老实人

习近平总书记指出，要涵养政治定力，炼就政治慧眼，恪守政治规矩，自觉做政治上的明白人、老实人[①]。在历史的长河中，无数的经验和教训都表明，政治上的清醒与忠诚、质朴与担当是一个政党、一个国家走向繁荣的坚实根基。对个人来说，做政治上的明白人、老实人，也是树立和践行正确权力观、政绩观、事业观的基础。

1. 要坚持把忠诚作为前提

在政治的舞台上，忠诚是最为璀璨的品质之光，是每一位党员干部成为政治上的明白人、老实人的根本前提。古人云:“天下至德，莫大乎忠。”忠诚，自古以来就是中华民族所推崇的美德，在政治领域更是有着至关重要的意义。只有将忠诚作为前提，党员干部才能在政治上保持清醒，做政治上的明白人、老实人，在党和人民的事业中担当起应有的责任，书写无愧于时代的精彩华章。

对党忠诚是首要遵循。党是指引方向的灯塔，是凝聚力量的核心。中国共产党有着崇高的理想和目标，从马克思主义的科学理论指引，到为中国人民谋幸福、为中华民族谋复兴的初心使命，这些构成了党员干部信仰的基石。只有深刻理解并认同党的理论、路线、方针、政策背后的价值和意义，才会在思想上对党忠诚。在革命战争年代，无数先烈在面对敌人的残酷迫害时，始终坚守对共产主义的信仰，毫不退缩，他们是对党忠诚的光辉典范。党中央作为党的领导核心，其决策部署是基于国家和人民的整体利益。党员干部要坚决贯彻党中央的决定，不打折扣、不搞变通。在国家发展的战略规划实施过程中，各地各级党员干部必须严格按照党中央部署开展工作，确保政策执行的有效性，维护党和国家

① 《习近平在中央党校（国家行政学院）中青年干部培训班开班式上发表重要讲话强调 在常学常新中加强理论修养 在知行合一中主动担当作为》,《人民日报》2019 年 3 月 2 日。

事业发展的统一性和连贯性。

对人民忠诚是价值取向。人民是我们党执政兴国的最大底气，对人民忠诚是政治忠诚的根本体现。我们党的根基在人民、血脉在人民、力量在人民。“政之所兴在顺民心，政之所废在逆民心。”像黄文秀那样，放弃城市繁华，扎根乡村，为脱贫攻坚事业奉献出年轻生命，这就是对人民忠诚的生动实践。对人民忠诚，要求党员干部把人民放在心中最高位置，始终坚持以人民为中心的发展思想，积极践行全心全意为人民服务的宗旨。在制定政策、开展工作时，充分考虑人民利益，着力解决人民群众急难愁盼问题，让改革发展成果更多更公平惠及全体人民，真正做到发展为了人民、发展依靠人民、发展成果由人民共享。

对国家忠诚是使命担当。对国家忠诚是每一位公民义不容辞的责任，对于党员干部而言更是政治使命。国家的主权、安全和发展利益是不容侵犯的红线。在国际竞争日益激烈、国际形势复杂多变的当下，对国家忠诚意味着要坚定维护国家利益，积极投身国家事业。无论是戍边战士在边境线上的坚守，捍卫着祖国的每一寸土地，还是科研人员日夜攻关，助力国家在科技领域突破封锁，都是对国家忠诚的有力彰显。党员干部要在各自岗位上为国家发展战略服务，在涉及国家核心利益的问题上保持坚定立场，为实现国家富强、民族复兴而不懈努力。

2. 要坚持把为民作为根本

民心是最大的政治。为民，指引着政治行为的方向，是衡量政治品德的重要标尺，更是维系党和人民鱼水关系的关键所在。它贯穿于国家发展的每一个阶段，是所有政治行动的出发点和落脚点，深刻彰显着政治的本质与价值。做政治上的明白人、老实人，要深刻领悟这一点，将其贯穿于工作的始终。时代是出卷人，我们是答卷人，人民是阅卷人，工作是否有成效、是否合格，都要由人民来评判。

马克思主义群众观的指引。马克思主义认为人民群众是历史的创造者，是推动社会发展的根本力量。这一科学理论为“为民”理念奠定了坚实的理论基石。人民群众是社会物质财富的创造者，他们通过劳动生产，从最基本的农业生产到复杂的工业制造等各个领域，为社会提供赖以生存的物质基础。人民群众也是社会精神财富的创造者，许多伟大的文学、艺术、科学成果都来源于人民群众的实践活动。人民群众还是社会变革的决定力量，是社会变革的主力军，他们通过各种形式表达自己的诉求，推动社会的变革。

党的初心使命的彰显。中国共产党自成立以来，就把为中国人民谋幸福、为中华民族谋复兴作为自己的初心使命。为民作为根本，是对这一初心使命的生动诠释。党带领人民推翻"三座大山"，让人民成为国家的主人；努力改善人民生活条件，从解决温饱问题到迈向全面小康；不断激发人民的创造力，使人民共享改革发展成果。这一系列实践充分体现了党始终把人民利益放在首位，将为民贯穿于各个阶段的行动之中。

政策制定以民意为导向。民意是人民群众需求、期望与诉求的集合体现，反映社会多元群体在生活、生产各层面面临的现实难题与向往愿景。为民，要求在政策制定过程中要广泛开展调查研究，深入了解民意。问政于民，问计于民，问需于民。要抓住民生"牛鼻子"，主动回应群众关切，保障人民群众生存发展权，让公共决策从政府"端菜"转变为群众"点菜"，彰显"权为民所用、利为民所谋"的权力本质与公仆精神，契合现代民主政治初衷，凸显人民当家作主地位，使政策"根系"深扎群众土壤汲取养分。确保政策能够真正反映人民群众的利益诉求，让政策从制定之初就带有浓厚的"为民"色彩。

公共服务以满足人民需求为目标。在公共服务领域，涵盖医疗、住房、社会保障、就业等多个方面，每一项服务的提供都应以人民需求为出发点。在医疗方面，不断完善医疗保障体系，扩大医保报销范围，提高基层医疗卫生机构的服务水平，加强医疗人才队伍建设，致力于解决人民群众看病难、看病贵的问题。在住房保障上，通过建设保障性住房、规范房地产市场等措施，满足不同收入群体的居住需求，特别是关注中低收入群体和困难家庭的住房问题。在就业工作中，积极搭建就业平台，开展职业技能培训，提供就业信息和创业扶持，以降低失业率，提高就业质量，保障人民群众有稳定的收入来源。这些公共服务工作的扎实推进，都是“为民”在实践中的生动体现。

促进社会和谐稳定与发展。人民群众在日常生活中，因资源分配不均、权益保障失衡、发展机会不等等问题，会滋生各种矛盾，影响社会和谐稳定与发展。坚持为民，聚焦这些痛点，精准回应民众诉求、精心呵护民众权益、精妙激发民众力量，让人民群众感受到党和政府的关怀，便可抚平人民群众生活中的“褶皱”，化解矛盾，让社会在公平正义的轨道上稳健运行，使和谐稳定得以长久维系。同时，人民群众也会更加积极地参与到国家建设中来，激发社会的创新活力和发展动力。

3. 要坚持把实干作为关键

伟大的事业始于梦想，基于创新，成于实干。做政治上的明白人老实人，容不得半点虚浮与空谈。实干，犹如一座坚固的桥梁，连接着理想与现实，是通往政治清明、国家昌盛、人民幸福之路的关键，是将宏伟蓝图转化为美好现实的核心力量，它承载着责任与使命，彰显着政治担当的真谛。

实干是践行理论的基石。马克思主义理论、党的路线方针政策等，为国家和人民指引方向，但这些理论只有通过实干才能落地生根。例如，社会主义市场经济理论提出后，需要各级政府和企业通过实际行动去建立市场机制、完善法律法规、培育市场主体。实干者们深入经济发展一线，制定符合地方实际的产业政策，积极招商引资，推动企业改革创新，使这一理论在实践中不断丰富和完善，转化为实实在在的经济增长和人民生活水平的提高。

将为民情怀转化为实际行动。明白人民的需求和期望后，关键在于通过实干来满足。如果只是空有为民之心，而无实干之举，那只是纸上谈兵。例如，在脱贫攻坚战中，无数党员干部扎根贫困地区，走村串户了解贫困群众的生活状况和致贫原因，然后制订精准帮扶计划。他们实干苦干，有的帮助发展特色农业，有的致力于改善基础设施，有的组织劳务输出，通过不懈努力将党和政府对人民的关怀转化为贫困群众收入增加、生活改善，取得脱贫攻坚战全面胜利，区域性整体贫困得到解决，消除绝对贫困的成果，让为民情怀在实干中闪耀光芒。

求真务实的工作作风。实干，要求在工作中必须坚持一切从实际出发，实事求是。必须深入调查研究，了解真实情况，掌握第一手资料。在制定政策时，不搞形式主义，不拍脑袋决策。例如，在农村发展政策制定前，要深入乡村，了解当地的地理环境、产业基础、人口结构等情况，根据不同农村的特点制定精准的发展策略，是发展特色农业、乡村旅游还是农产品加工业等，都要有切实依据。在政策执行过程中，注重落实效果，不走过场，对出现的问题及时调整和解决，确保政策真正惠及人民。

勇于攻坚克难。实践中会遇到各种各样的难题和挑战，实干者要有敢于面对困难、勇于解决问题的决心和勇气。例如，在科技创新领域，面对国外技术封锁等难题，科研人员和相关政策制定者没有退缩，而是加大自主研发投入，积极培养本土人才，鼓励企业创新，经过无数次试验和失败，在一些关键核心技术上取得突破，如芯片制造技术、航天航空技术等方面的进展。在经济转型时期，面对传统产业升级的压力和新兴产业发展的不确定性，党员干部和企业家们共同努力，淘汰落后产能，推动传统产业智能化改造，培育新兴产业，如新能源、数字经济等，在攻坚克难中实现经济结构优化。

推动国家可持续发展。实干是国家发展的动力源泉。从科技创新到社会治理，从基础设施建设到文化繁荣，都离不开实干精神。在科技创新领域，科研人员通过无数次的实验和实践，将科研成果转化为生产力，推动产业升级；在基础设施建设中，建设者们不畏艰难，逢山开路、遇水架桥，打造了现代化的交通、能源等基础设施网络，为经济发展奠定了坚实基础。

正是这种实干精神的传承和发扬，保障了国家沿着可持续发展的道路不断前进。

4. 要坚持把廉洁作为根基

清廉是福、贪欲是祸。廉洁，不仅是一种个人操守的坚守，更是政治生命的命脉所在。它决定着政治行为的性质和方向，关乎党和政府的形象，影响着民众对政治体系的信任，是政治实践中必须坚守的基础，为党和国家事业发展筑牢根基。

传承中华优秀传统文化中的廉洁基因。中华民族自古以来就崇尚廉洁。从古代清官包拯、海瑞等人的事迹中可以看到，廉洁奉公是一种被广泛赞誉的高尚品质。这种文化传统深深扎根于我们的民族精神之中，为当代政治道德提供了丰富滋养。秉持廉洁就是对这一优秀传统文化的传承与弘扬，它体现了对正义、公平的追求，也反映出从政者对自身品德修养的严格要求，使政治行为符合社会伦理道德的高标准。

廉洁与党的宗旨是一致的。党的宗旨是全心全意为人民服务，廉洁从政是这一宗旨的必然体现。党员干部手中的权力是人民赋予的，只能用于为人民谋利益。坚持廉洁，就是不辜负人民的信任，将人民的利益放在首位，不被私利所诱惑。在履行职责的每一个瞬间，党员干部都应当时刻警醒自己。从重大决策的拍板到日常工作的点点滴滴，都要让廉洁之光闪耀其中。

在经济利益诱惑面前保持清醒。党员干部手中的权力是人民赋予的，理应用来为人民谋福祉，而绝非谋取个人私利的工具。面对形形色色的经济利益诱惑，只有将廉洁的信念深深扎根于心，才能在纷繁复杂的环境中不迷失方向，坚守住为人民服务的初心。要自觉抵制金钱、物质的侵蚀，不被虚荣的光环所迷惑。在日常工作与生活中，慎独慎微，于细微之处见精神，于细微之处守廉洁。党员干部要坚持把廉洁作为根基，以清醒的头脑、坚定的意志，抵御住经济利益的种种诱惑，在新时代的征程上做政治上的明白人、老实人。

在人际关系中坚守廉洁底线。社会活动中的人际关系复杂，廉洁要求党员干部在社交活动中保持谨慎。不利用职务之便为亲朋好友谋取不正当利益，避免形成利益输送的关系网。在选拔任用干部时，秉持公正廉洁的原则，以才能和品德为标准，不搞裙带关系。在与企业界、社会组织交往中，保持适当距离，不参与可能影响公正执行公务的应酬和活动。只有牢牢扎根于廉洁的土壤，在人际关系中始终坚守廉洁底线，才能真正做到权为民所用，情为民所系，利为民所谋，以清正廉洁的姿态在为人民服务的道路上稳步前行，为党和国家的事业发展贡献出自己应有的、干干净净的力量。

第六章

心中有民，为民造福正“三观”

民心是最大的政治，党员干部无论什么时候都要把人民利益放到第一位。2020 年 5 月 22 日，习近平总书记在参加十三届全国人大三次会议内蒙古代表团审议时的讲话中指出：“要把为民造福作为最重要的政绩。中国共产党把为民办事、为民造福作为最重要的政绩，把为老百姓办了多少好事实事作为检验政绩的重要标准。党员、干部特别是领导干部要清醒认识到，自己手中的权力、所处的岗位，是党和人民赋予的，是为党和人民做事用的，只能用来为民谋利。各级领导干部要树立正确的权力观、政绩观、事业观，不慕虚荣，不务虚功，不图虚名，切实做到为官一任、造福一方。”①

人民群众是历史的主体，是历史的创造者，是推动社会发展的决定力量。无产阶级政党必须充分尊重人民所表达的意愿、所创造的经验、所拥有的权力、所发挥的作用，正确行使好人民赋予的权力。我们党来自于人民，为人民而生，因人民而兴，党的根基在人民、血脉在人民、力量在人民。中国共产党人的事业观就是为人民利益不懈奋斗，为中国特色社会主义事业不懈奋斗，始终坚持以人民为中心的发展思想，坚持发展为了人民、发展依靠人民、发展成果由人民共享。广大党员干部要牢记为民造福是最大的政绩，把为人民办了多少好事实事作为检验政绩的重要标准。新征程上，党员干部树立和践行正确权力观、政绩观、事业观必须坚持以习近平新时代中国特色社会主义思想为指导，坚持人民至上的世界观和方法论，紧紧依靠人民、不断造福人民、牢牢植根人民。

一、坚持人民至上

我们党来自于人民，为人民而生，因人民而兴。人民是决定党和国家前途命运的根本力量，群众路线是我们党始终坚持的根本工作方法，人民至上是走好新时代党的群众路线的最根本路径。党的二十大报告以“六个

① 《习近平在参加内蒙古代表团审议时强调 坚持人民至上 不断造福人民 把以人民为中心的发展思想落实到各项决策部署和实际工作之中》，《人民日报》2020 年 5 月 23 日。

必须坚持”系统概括和阐述了习近平新时代中国特色社会主义思想的世界观和方法论，其中“坚持人民至上”排在首位。

（一）始终坚持人民至上的宝贵历史经验

“得民心者得天下，失民心者失天下”。百余年来，我们党始终坚持“一切为了群众，一切依靠群众，从群众中来，到群众中去”[①]，始终与人民想在一起、干在一起、风雨同舟、同甘共苦，与人民心心相印，为人民不懈奋斗，赢得了人民的支持与拥护。《中共中央关于党的百年奋斗重大成就和历史经验的决议》指出，坚持人民至上是党百年奋斗的一条宝贵历史经验。这一宝贵历史经验，深刻揭示了百年大党在进取中突破，于挫折中奋起的根本密码。准确理解和把握“坚持人民至上”的深刻内涵，深入学习党依靠人民一路走来取得诸多伟大成就的实践经验，对于广大党员干部涵养理论修养，培植树立正确权力观、政绩观、事业观具有重要意义。

1. 马克思主义从诞生之日起就深深植根于人民

马克思主义是人民的理论，它从诞生之日起就深深植根于人民，并依靠人民不断发展壮大。人民性是马克思主义的本质属性，人民立场是中国共产党的根本政治立场，是马克思主义政党区别于其他政党的显著标志。习近平总书记在党的二十大报告中指出：“人民性是马克思主义的本质属性，党的理论是来自人民、为了人民、造福人民的理论，人民的创造性实践是理论创新的不竭源泉。”

2018 年 5 月 4 日，习近平总书记在纪念马克思诞辰 200 周年大会上的讲话中指出：“马克思主义之所以具有跨越国度、跨越时代的影响力，就是因为它植根人民之中，指明了依靠人民推动历史前进的人间正道。”19 世纪三四十年代，欧洲“三大工人运动”兴起，标志着无产阶级开始作为独立的政治力量登上了世界历史舞台。作为一支新兴力量，工人阶级

① 习近平：《在纪念毛泽东同志诞辰 120 周年座谈会上的讲话》，《人民日报》2013 年 12 月 27 日。

的革命运动迫切需要科学理论的指引。在实践和探索中，科学社会主义诞生了，从此，无产阶级解放运动便有了科学理论的指导。随着马克思主义与中国工人运动紧密结合，1921 年中国共产党应运而生，自此，党始终秉承马克思主义人民观，并在实践中，将马克思主义所特有的植根人民特性逐渐转化成了中国共产党始终坚持的群众路线。百余年来，中国共产党始终坚持从群众中来，到群众中去的工作路线，在这一过程中，马克思主义也不断中国化时代化，不断从人民斗争实践中汲取养分，保持活力。

坚持人民至上是对马克思主义唯物史观的继承和发展。马克思主义唯物史观认为人民群众是历史的创造者。在物质生产活动中，人民通过自己的体力和脑力劳动，将自然物质转化为社会财富。在精神文明的产生过程中，人民的生活和实践为精神财富形成和发展提供了不竭源泉。在社会变革过程中，人民群众是主力军。这些深刻证明了人民群众才是社会发展的主体，人民不仅创造了社会的物质财富和精神财富，而且是推动社会变革的决定性力量，在人类历史发展进程中处于主体地位。毛泽东指出："人民，只有人民，才是创造世界历史的动力。"[①] 习近平总书记强调，"要深深懂得人民是历史创造者的道理"[②]。中国人民书写了波澜壮阔的中华民族发展史、创造了博大精深的中华文明、培育了历久弥新的中华民族精神。正是因为中国人民不屈不挠、伟大奋斗，中华民族才迎来了从站起来、富起来到强起来的伟大飞跃。

依靠人民是马克思主义的力量之源。第一，伟大事业的不竭动力来自于依靠人民。历史上众多的革命和社会变革都充分印证了这一观点。俄国十月革命正是依靠广大人民积极参与、英勇斗争才取得了最终的胜利。我国的革命、建设、改革伟大事业，也都是紧紧依靠人民才取得成功。第二，人民是推动理论创新发展的重要力量。毛泽东曾说，我们应该走到群

① 《毛泽东选集》第 3 卷，人民出版社 1991 年版，第 1031 页。

② 《习近平主持召开文艺工作座谈会强调 坚持以人民为中心的创作导向 创作更多无愧于时代的优秀作品》，《人民日报》2014 年 10 月 16 日。

众中间去，向群众学习，把他们的经验综合起来，成为更好的有条理的道理和办法，然后再告诉群众（宣传），并号召群众实行起来，解决群众的问题，使群众得到解放和幸福[①]。我们党的先进理论的产生与发展都离不开广大人民群众，毛泽东思想是以毛泽东同志为主要代表的中国共产党人，深入群众、联系群众、服务群众，深切关注人民的疾苦和诉求，不断从实践中总结经验，充分汲取人民群众的智慧，在中国革命和建设的实践过程中逐步形成并不断发展的。改革开放是以邓小平同志为主要代表的中国共产党人基于对人民群众渴望摆脱贫困、追求美好生活的深刻洞察而提出和完善的。“三个代表”重要思想是以江泽民同志为主要代表的中国共产党人顺应时代发展，始终把人民放在心中最高位置，在实践中回应人民需求而产生的……第三，党的发展壮大离不开人民。人民立场是我们党的根本政治立场。毛泽东指出：“我们共产党人好比种子，人民好比土地。我们到了一个地方，就要同那里的人民结合起来，在人民中间生根、开花。”[②]习近平总书记一再强调：“党与人民风雨同舟、生死与共，始终保持血肉联系，是党战胜一切困难和风险的根本保证。”[③]从小到大、由弱到强的百余年党史已经充分说明，坚持依靠人民是中国共产党取得辉煌成就的密钥。第四，理想的不断推进离不开人民。实现社会主义、共产主义理想需要强大力量。党的百余年历史是用马克思主义的真理之光武装人民、照亮人民的历史。经过教育和武装起来的人民群众，焕发出了强大的力量。百余年来，我们党紧紧依靠人民，广泛动员人民，激发其中蕴藏的伟力，抒写一个又一个举世瞩目的“中国故事”。踏上新征程，我们要坚持一切为了人民、一切依靠人民，保持同人民的血肉联系，紧紧依靠人民开拓事业新局面。

造福人民是马克思主义与生俱来的神圣职责。习近平总书记在党的

① 《毛泽东选集》第3卷，人民出版社1991年版，第933页。

② 《毛泽东选集》第4卷，人民出版社1991年版，第1162页。

③ 习近平：《在庆祝中国共产党成立95周年大会上的讲话》，《人民日报》2016年7月2日。

二十大报告中指出："一切脱离人民的理论都是苍白无力的，一切不为人民造福的理论都是没有生命力的。"国以民为本，社稷为民而立，马克思主义中国化的历史就是一部中国共产党人"造福人民"的历史。这其中包含了三方面的内容。一是为了人的发展。马克思主义强调人的自由而全面的发展，早在《共产党宣言》中，这一观点便有鲜明体现：在那里，每个人的自由发展是一切人的自由发展的条件。回顾百余年党史，在各个历史时期，可以发现一个规律，就是中国共产党始终依循时代发展脉络，根据实际情况，不断努力推进人民群众的全面发展。新时代以来，我们党团结带领全国各族人民在中华大地上实现了第一个百年奋斗目标，开启了实现第二个百年奋斗目标的新征程，距离实现人的自由而全面的发展目标更进一步，描绘了更加美好的前景和未来。二是为人类求解放。习近平总书记在纪念马克思诞辰200周年大会上指出："马克思主义博大精深，归根到底就是一句话，为人类求解放。"为人类求解放是马克思一生的追求。纵观他的一生，实现人的解放是始终未变的主题。中国共产党是以马克思主义为指导思想的政党，百余年来始终为中国人民谋幸福、为中华民族谋复兴，也为人类谋进步、为世界谋大同。党的十八大以来，习近平总书记从世界前途命运的高度，创造性提出构建人类命运共同体重要理念，并提出一系列切实可行的中国方案，为解决人类共同面临的重大问题提供了新思路，为推进世界人权事业发展、加强全球人权治理指明了方向，提供了根本遵循。三是为人民谋福祉。《共产党宣言》中指出："无产阶级的运动是绝大多数人的，为绝大多数人谋利益的独立的运动。"以马克思主义为根本指导思想的中国共产党，始终将为人民造福作为带领人民团结奋斗的落脚点和归宿。历史和实践证明，人民至上不能仅仅停留在理论上，关键还要看行动，这就要努力增进人民福祉，让一切成果由人民共享。我们党从诞生之初就明白这一点，并在一大党纲中明确指出，党的根本政治目的是实行社会革命。随后在党的七大上又将全心全意为人民服务写入党章。随着革命、建设和改革的深入推进，人民至上的理念成为一团永不熄灭的烛火，照耀、指引着每一位党员干部的工作道路。党的十八大以来，习近平总书记多次强调人民立场的重要地位，深刻体现了我们党始终坚持人民至上的立场观点方法。这是我们党立于不败之地的根本所在，也是红色江山永不褪色的奥秘所在。

2. 人民是决定党和国家前途命运的根本力量

人民是历史的创造者，是决定党和国家前途命运的根本力量。习近平总书记在庆祝中华人民共和国成立 70 周年招待会上的讲话中指出："70 年来，在中国共产党坚强领导下，中国人民勇于探索、不断实践，成功开辟了中国特色社会主义道路"，"70 年来，中国人民发愤图强、艰苦创业，创造了'当惊世界殊'的发展成就"，"书写了人类发展史上的伟大传奇"[①]。伟大成就离不开伟大力量，伟大力量来源于伟大人民。党和国家的发展进步充分证明，人民是决定党和国家前途命运的根本力量，人民群众是推动事业发展的力量源泉，是推动社会变革的决定性力量。

中国共产党自成立之日起，就把"人民"二字写在自己的旗帜上，始终践行全心全意为人民服务的根本宗旨，矢志不渝为人民谋幸福。在革命、建设、改革道路上，党始终将人民放在第一位，将人民需要作为自己的努力方向。党的七大把"全心全意为中国人民服务"写入党章总纲，明确了全心全意为人民服务是中国共产党的根本宗旨。毛泽东指出："全心全意地为人民服务，一刻也不脱离群众；一切从人民的利益出发，而不是从个人或小集团的利益出发；向人民负责和向党的领导机关负责的一致性；这些就是我们的出发点。"[②] 正是因为从人民的根本利益出发，一刻也不脱离群众，我们党才赢得广大人民群众的支持，创造了彪炳史册的伟大成就。

1840 年鸦片战争以后，由于西方列强入侵和封建统治腐败，中国逐步成为半殖民地半封建社会，国家蒙辱、人民蒙难、文明蒙尘，中华民族

① 习近平:《在庆祝中华人民共和国成立 70 周年招待会上的讲话》,《人民日报》2019年10月1日。

② 《毛泽东选集》第 3 卷，人民出版社 1991 年版，第 1094—1095 页。

遭受了前所未有的劫难。为了拯救民族危亡，中国人民奋起反抗，仁人志士奔走呐喊，进行了可歌可泣的斗争。十月革命一声炮响，给中国送来了马克思列宁主义[①]。一场以青年学生为主，广大群众、市民、工商人士等阶层共同参与的五四运动促进了马克思主义在中国的传播。在中国人民和中华民族的伟大觉醒中，在马克思列宁主义同中国工人运动的紧密结合中，1921 年 7 月中国共产党应运而生。从此，新民主主义革命有了坚强有力的领导核心。

大革命时期，党依靠人民，组织工人暴动，反抗北洋政府；土地革命战争时期，党依靠人民，开辟农村根据地，为开辟“农村包围城市，武装夺取政权”道路提供了有力保障；抗日战争时期，党依靠人民，联合一切可以联合的力量组成了抗日民族统一战线，提出和实施持久战的战略总方针和一整套人民战争的战略战术，最终取得了抗日战争的伟大胜利；解放战争时期，党领导的人民军队在人民支持下，以一往无前的英雄气概同穷凶极恶的敌人进行殊死斗争，为夺取新民主主义革命胜利建立了历史功勋。在广大人民群众的大力支持和真心拥护下，中国共产党通过广泛而深刻的人民战争，经过 28 年的浴血奋战，推翻帝国主义、封建主义和官僚资本主义三座大山，取得了新民主主义革命的胜利，建立了人民民主专政的新中国，彻底结束了旧中国半殖民地半封建社会的历史，实现了中国从几千年封建专制政治向人民民主的伟大飞跃，为实现中华民族伟大复兴创造了根本社会条件。

社会主义革命和建设的伟大成就是人民干出来的。新中国的成立，实现了中国向人民民主制度的伟大跨越，掌握了自己命运的中国人民，通过各种途径参与管理国家事务，管理经济、文化和社会事务。面对进行社会主义革命，推进社会主义建设的任务，全国人民上下一心，团结在党的周围，紧跟党的领导，战胜了政治、经济、军事等方面的一系列严峻挑战，

① 《中共中央关于党的百年奋斗重大成就和历史经验的决议》，《人民日报》2021 年 11 月 17 日。

肃清国民党反动派残余武装力量和土匪，和平解放西藏，实现祖国大陆完全统一；稳定物价，统一财经工作，完成土地改革，进行社会各方面民主改革，实行男女权利平等，镇压反革命，开展“三反”“五反”运动，荡涤旧社会留下的污泥浊水……翻身做主人的中国人民焕发出前所未有的建设热情，意气风发投身到中国历史上从未有过的热气腾腾的社会主义建设，在不长的时间里就使我国社会发生了翻天覆地的变化，社会面貌焕然一新。党依靠人民“无限的创造力”，团结带领人民自力更生、发愤图强，完成社会主义革命，确立社会主义基本制度，推进社会主义建设，消灭一切剥削制度，实现了中华民族有史以来最为广泛而深刻的社会变革，实现了一穷二白、人口众多的东方大国大步迈进社会主义社会的伟大飞跃，创造了社会主义革命和建设的伟大成就。

人民是顺利推进改革开放的坚强保障。新中国的发展进步，不仅是人民群众用勤劳双手“干”出来的，更是人民群众靠拼搏奋斗精神“拼”出来的。党在十一届三中全会后，带领全体人民继续探索中国建设社会主义的正确道路，解放和发展社会生产力，使人民摆脱贫困、尽快富裕起来。邓小平指出：“党只有紧紧地依靠群众，密切地联系群众，随时听取群众的呼声，了解群众的情绪，代表群众的利益，才能形成强大的力量，顺利地完成自己的各项任务。”[①] 改革开放40多年来，党始终坚持尊重人民群众的主体地位和首创精神，通过紧紧依靠人民群众，极大激发了人民群众的创造性，极大地增强了社会发展的活力，并把是否有利于发展社会主义社会的生产力、是否有利于增强社会主义国家的综合国力、是否有利于提高人民的生活水平作为判断一切工作好坏的标准，制定了一系列正确政策，开创并坚持发展了中国特色社会主义，取得了举世瞩目的发展成就，迅速摆脱贫困并跃升为世界第二大经济体，创造了改革开放和社会主义现代化建设的伟大成就。2018年12月18日，习近平总书记在庆祝改革开放40

① 《邓小平文选》第2卷，人民出版社1994年版，第342页。

周年大会上的讲话中指出："40 年来取得的成就不是天上掉下来的，更不是别人恩赐施舍的，而是全党全国各族人民用勤劳、智慧、勇气干出来的！我们用几十年时间走完了发达国家几百年走过的工业化历程。在中国人民手中，不可能成为了可能。我们为创造了人间奇迹的中国人民感到无比自豪、无比骄傲！"坚持一切依靠人民群众，紧紧和人民站在一起，是我们党战胜一切艰难险阻、经受住各种风险考验的最根本保证。

新时代取得的辉煌成就，是亿万人民团结一心、不懈努力、辛勤拼搏、勇敢奋斗的结果，是党和人民共同书写的历史篇章，凝聚着全党全国各族人民的共同心血和努力。党的十八大以来，以习近平同志为核心的党中央把坚持人民至上贯穿于治国理政全过程各方面，坚持以人民为中心的发展思想，以实现好、维护好、发展好最广大人民根本利益为最高标准，始终把人民利益摆在第一位，注重调动人民群众的积极性，紧紧依靠人民，以伟大的历史主动精神、巨大的政治勇气、强烈的责任担当，统筹国内国际两个大局；贯彻党的基本理论、基本路线、基本方略，统揽伟大斗争、伟大工程、伟大事业、伟大梦想，坚持稳中求进工作总基调；出台一系列重大方针政策，推出一系列重大举措，推进一系列重大工作，战胜一系列重大风险挑战；解决了许多长期想解决而没有解决的难题，办成了许多过去想办而没有办成的大事；推动党和国家事业取得历史性成就、发生历史性变革，打赢人类历史上规模最大的脱贫攻坚战，历史性地解决了绝对贫困问题，团结带领人民夺取全面建成小康社会伟大胜利，全面推进强国建设、民族复兴伟业，创造了新时代中国特色社会主义的伟大成就。实践雄辩证明，人民是促进社会发展的中坚力量和决定者，前进道路上，无论是风高浪急还是惊涛骇浪，人民永远是我们党最坚实的依托、最强大的底气。中国人民的伟大创造精神、伟大奋斗精神、伟大团结精神和伟大梦想精神，凝聚起了我们党披荆斩棘的奋进动力。

在党的领导下，我们始终紧密团结人民群众，不断取得新的历史成就，交出了一份份优异的答卷。百余年党史告诉我们，人民是历史的重要推动者，在无数艰难险阻的关键节点，正是人民以一往无前、团结奋斗的精神将我们的事业推向前进。从土地革命战争到抗日战争，从解放战争到改革开放，人民始终是我们最坚实的力量。党的二十大开启了全面建设社会主义现代化国家、以中国式现代化全面推进中华民族伟大复兴的新征程。党的二十大报告指出："全面建设社会主义现代化国家，必须充分发挥亿万人民的创造伟力。"在新时代新征程上，我们要牢记人民的主体地位，坚持一切为了人民、一切依靠人民，不断满足人民日益增长的美好生活需要，充分发挥亿万人民的创造伟力，激发人民群众的积极性主动性创造性，使其焕发蓬勃的历史主动精神和历史创造精神；要尊重人民首创精神，认识到人民群众的实践是创造性的实践，蕴藏着无穷的智慧和创造潜力，始终做到汲取、汇聚人民智慧解决前进道路上面临的各种难题，创造性地完成各项任务、推进各项事业；要广泛团结各族人民力量，积极发动群众、组织群众，将人民组织动员起来，不断开创历史新篇章。

3. 始终保持党同人民群众的血肉联系

习近平总书记在党的二十大报告中强调："全党要坚持全心全意为人民服务的根本宗旨，树牢群众观点，贯彻群众路线，尊重人民首创精神，坚持一切为了人民、一切依靠人民，从群众中来、到群众中去，始终保持同人民群众的血肉联系，始终接受人民批评和监督，始终同人民同呼吸、共命运、心连心，不断巩固全国各族人民大团结，加强海内外中华儿女大团结，形成同心共圆中国梦的强大合力。"回顾百余年党史，党与人民风雨同舟、生死与共，始终保持血肉联系，是党战胜一切困难和风险的根本保证。切实学习和把握蕴含其中的深刻意蕴，对于广大党员干部在工作中贯彻群众路线，提高群众工作本领，健全人民至上的权力观、政绩观、事业观有重要推动作用。

党的十八大以来，习近平总书记围绕始终保持党同人民群众的血肉联系在多个重要场合作出了一系列重要论述。2013 年，习近平总书记在纪念毛泽东同志诞辰 120 周年座谈会上的讲话中指出："群众路线是我们党的生命线和根本工作路线，是我们党永葆青春活力和战斗力的重要传家宝。不论过去、现在和将来，我们都要坚持一切为了群众，一切依靠群众，从群众中来，到群众中去，把党的正确主张变为群众的自觉行动，把群众路线贯彻到治国理政全部活动之中。”2015 年，习近平总书记在庆祝“五一”国际劳动节大会上的讲话中指出：“要面对面、心贴心、实打实做好群众工作，把人民群众安危冷暖放在心上，雪中送炭，纾难解困，扎扎实实解决好群众最关心最直接最现实的利益问题、最困难最忧虑最急迫的实际问题。”2018 年，习近平总书记在庆祝改革开放 40 周年大会上的讲话中指出：“前进道路上，我们必须始终把人民对美好生活的向往作为我们的奋斗目标，践行党的根本宗旨，贯彻党的群众路线，尊重人民主体地位，尊重人民群众在实践活动中所表达的意愿、所创造的经验、所拥有的权利、所发挥的作用，充分激发蕴藏在人民群众中的创造伟力。”2020 年，习近平总书记在中央党校（国家行政学院）中青年干部培训班开班式上发表重要讲话强调：“年轻干部要提高群众工作能力。要坚持从群众中来、到群众中去，真正成为群众的贴心人。要心中有群众，时刻把群众安危冷暖放在心上，认真落实党中央各项惠民政策，把小事当作大事来办，切实解决群众‘急难愁盼’的问题。”2023 年，在学习贯彻习近平新时代中国特色社会主义思想主题教育工作会议上，习近平总书记强调，党员干部要“善于换位思考，走进群众，真诚倾听群众呼声、真实反映群众愿望、真情关心群众疾苦，准确了解群众的所忧所盼”。2025 年，在纪念胡耀邦同志诞辰 110 周年座谈会上，习近平总书记指出“全党同志要牢记江山就是人民、人民就是江山，坚持人民至上，同人民心连心，自觉践行党的根本宗旨，走好新时代党的群众路线”。习近平总书记关于党的群众路线的重要论述从我们党的性质和根本宗旨出发，为广大党员干部提高工作、学习能力指明了方向，是领导干部树立人民至上的权力观、政绩观、事业观，贯彻提高群众工作能力必须学习和把握的重要资料。

党章指出：“我们党的最大政治优势是密切联系群众，党执政后的最大危险是脱离群众。党风问题、党同人民群众联系问题是关系党生死存亡的问题。党在自己的工作中实行群众路线，一切为了群众，一切依靠群众，从群众中来，到群众中去，把党的正确主张变为群众的自觉行动。”群众路线一直是我们党的生命线和根本工作路线，是我们党永葆青春活力和战斗力的重要传家宝，我们党来自人民、植根人民、服务人民，一旦脱离群众就会失去生命力。新征程上，要继续保持和发扬党的最大政治优势，防止和克服党执政后的最大危险，广大党员干部必须始终牢记我们的权力是人民赋予的，树立对上级负责与对人民群众负责相一致的政绩观，立正为人民谋利益是共产党人全部活动的出发点和归宿的事业观，厚植为民情怀，践行群众路线，始终做到为了人民、依靠人民、服务人民。

民心是最大的政治，决定事业兴衰成败。我们党正是依靠人民，团结群众，才能取得一个又一个胜利，人民群众是我们强党兴国的根本所在，人民立场也是中国共产党的根本政治立场，广大党员干部要始终忠诚于人民，始终铭记全心全意为人民服务的宗旨意识，以坚定的理想信念坚守初心，以奋斗的姿态回应人民对美好生活的向往。“知屋漏者在宇下，知政失者在草野”，要想办群众满意的事，就必须深入基层、脚步向下，真正做到体察民情，了解民意，集中民智，珍惜民力，搞明白群众的所思所想所盼，永葆爱民之心，恪守为民之责，善谋富民之策，多办利民之事，用真心换取民心，始终把人民群众的情绪作为第一信号，把人民群众的满意作为第一追求，把人民群众物质文化生活水平的提高作为第一目标，把好事实事办到老百姓的心坎上。

“基础不牢，地动山摇”，进入新的历史阶段，“老办法不管用、新办法不会用、硬办法不敢用、软办法不顶用”，如何满足基层群众的所需所求，怎样开展群众工作？新时代广大党员干部不仅要在提高工作能力上下功夫，更要在思想认识上打基础，以正确权力观、政绩观、事业观为引领，提高群众工作能力，时时处处重实绩、办实事、说实话、求实效，想群众之所想，急群众之所急，诚心诚意为群众谋利益。深入基层一线，聚焦群众急难愁盼的问题，现场集中“会诊”，在不断实践中提高自己应变的能力，锤炼善作善成的本领，积累为民办事的经验。要坚持为民谋利，始终把人民至上作为一切工作的出发点和落脚点，满腔热情地为群众排忧解难，把人民安居乐业、安危冷暖放在心上，一心一意回应群众的呼声，切实有效地维护好群众利益，以真心赢得民心。坚决破除形式主义、官僚主义，坚决反对华而不实的“形象工程”“政绩工程”，始终保持同人民群众的血肉联系，使我们党永远立于不败之地。

（二）树立正确的权力观、政绩观、事业观必须坚持人民至上

人民性是马克思主义的本质属性，全心全意为人民服务是党的根本宗旨，始终坚持人民至上是党百余年历史的宝贵奋斗经验，这些充分说明了中国共产党人的理想信念是以人民为价值旨归的，中国共产党人培植树立正确的权力观、政绩观、事业观必须坚持人民至上。

1. 树立正确的权力观必须坚持人民至上

树立人民至上的权力观要始终牢记“权为民所赋”。“权为民所赋”是对权力来源问题的回答。只有把权力的来源问题搞清楚了，广大党员干部才能正确地行使权力，为民做事、造福于民。权力的根本来源是人民群众，权力的基础是人民的支持和拥护。人民是历史创造者，是社会的主人，拥有人类社会的一切权力。我国宪法明确指出：“中华人民共和国的一切权力属于人民。”这表明，我们党和党员干部所拥有的诸多权力都是由人民赋予的。

在马克思主义权力观问题上，我国的重要领导人都对其有自己的见解。毛泽东明确指出：“我们的权力是谁给的？是工人阶级给的，是贫下中农给的，是占人口百分之九十以上的广大劳动群众给的。我们代表了无产阶级，代表了人民群众，打倒了人民的敌人，人民就拥护我们。共产党基本的一条，就是直接依靠广大革命人民群众。”[①] 邓小平指出：“领导就是

① 《毛泽东著作专题摘编》（上），中央文献出版社 2003 年版，第 277 页。

服务。”[①] 江泽民指出：“我们的权力是人民赋予的，一切干部都是人民的公仆，必须受到人民和法律的监督。”[②] 胡锦涛指出：“我们的干部是人民公仆，我们的权力是人民赋予的，必须用来为人民服务，必须受到人民监督，以保证人民赋予的权力真正用来为人民谋利益。”[③] 习近平总书记强调：“我们的权力是党和人民赋予的，是为党和人民做事用的，姓公不姓私，只能用来为党分忧、为国干事、为民谋利。”[④]

人民的信任与支持是行使权力的基石。“政之所行，在顺民心；政之所废，在逆民心。”只有人民对权力行使者给予信任和支持时，权力才具备了正当性与合法性的根基。人心向背是决定一个政党、一个政权盛衰兴亡的根本因素。人民群众对中国共产党的信任和支持不是与生俱来的，也不是一劳永逸的，必须珍惜并不断巩固人民群众的信任和支持。我们党之所以能够执政，并且能够长期执政，就在于党忠实地代表了最广大人民的根本利益，坚持不懈地为人民的利益英勇奋斗，赢得了人民的衷心拥护和爱戴。各级领导干部手中的权力一旦离开人民的信任与支持，便成为无源之水、无本之木。只有始终保持与人民群众的血肉联系，一切以人民的利益为最高标准，顺民意、谋民利、得民心，正确行使人民赋予的权力，才能得到人民群众的支持和拥护，我们党才能永远立于不败之地。

树立人民至上的权力观要始终坚持“权为民所用”。权力的根本目的是为人民服务。中国共产党始终将为人民服务、为人民谋利益放在党和国家事业的最高位置上。在党的领导下，权力使用的最终目的是要实现人民的根本利益。只有公共权力代表人民，为民谋利，才能为民所用。

自觉树立为民用权观念，不仅要靠党员干部自身，还要靠政治引领、纪律约束和实践磨练。这就要求党员干部要立足自身思想实际和工作实际，坚

① 《邓小平文选》第3卷，人民出版社1993年版，第121页。
② 《江泽民文选》第2卷，人民出版社2006年版，第31页。
③ 《胡锦涛文选》第3卷，人民出版社2016年版，第54页。
④ 习近平：《做焦裕禄式的县委书记》，中央文献出版社2015年版，第10页。

持不懈用习近平新时代中国特色社会主义思想凝心铸魂；要求党组织通过开展各类教育活动、加强纪律建设等方式，引导党员干部明确自身的政治责任与使命，切实树牢正确的权力观，打牢为民用权的思想根基。一切脱离实践的理论都是苍白无力的，党员干部要真正将理论内化于心，还要深入人民群众，与人民建立直接的、纯粹的联系，在实干中强担当、找经验，以与人民的深情厚谊为引，真正做到以淡泊之心对待个人名利和权位，以敬畏之心对待肩负的职责和使命，在忠心向党、真心为民中履职尽责，正确用权。

为民用权的价值取向，其根源是情系群众的公仆情怀、公正用权的行为准则和廉洁用权的底线思维。新时代新征程上，党员干部只有始终牢记权为民所赋、权为民所用，自觉树立公仆意识，在服务人民的岗位上，把人民拥护不拥护、赞成不赞成、高兴不高兴、答应不答应作为衡量一切工作得失的根本标准，用满腔热忱把造福人民的实事、小事、难事办好办妥，才能更好赢得民心民意，成为人民群众的知心人、暖心人、贴心人，创造出经得起实践、人民、历史检验的实绩。

2. 树立正确的政绩观必须坚持人民至上

广大党员要树立正确的政绩观必须搞明白创造什么样的政绩、怎样创造政绩这个问题。习近平总书记指出："共产党人必须牢记，为民造福是最大政绩。"[①] 树政绩的根本目的是为人民谋利益。

治国有常，利民为本，为民造福是最大政绩。习近平总书记在纪念毛泽东同志诞辰120周年座谈会上的讲话中指出："党的一切工作，必须以最广大人民根本利益为最高标准。检验我们一切工作的成效，最终都要看人民是否真正得到了实惠，人民生活是否真正得到了改善，人民权益是否真正得到了保障。"党的十八大以来，党中央反复强调要创造经得起历史和人民检验的实绩，树立正确政绩观。这要求广大党员干部必须坚持人

① 《习近平在中央党校（国家行政学院）中青年干部培训班开班式上发表重要讲话强调 筑牢理想信念根基树立践行正确政绩观 在新时代新征程上留下无悔的奋斗足迹》，《人民日报》2022年3月2日。

民至上，把人民的利益放在首位，把人民的满意度作为衡量工作成效的重要标准，以实际行动创造出真正经得起历史和人民检验的政绩。

以为民造福的政治自觉创造人民满意的政绩成果。党员干部要创造出让人民满意的政绩，必须树立正确的政绩观，不搞形象工程、面子工程；注重解决实际问题，不断提高干事创业本领；加强学习，提高自身素质修养；增强服务群众的能力，以实际行动赢得人民的信任和支持。只有这样，才能确保我们的工作经得起历史和人民的检验，真正为人民谋幸福、为民族谋复兴。让人民满意既是方向也是方法。首先，让人民满意，是党员干部的努力方向。要明白为民造福是立党为公、执政为民的本质要求，是共产党人的鲜明政治品格和根本价值追求，必须始终将人民放在第一位。明确树立正确政绩观意味着坚持人民至上，走群众路线，虚心向群众学习。深刻理解干部业绩好不好，要看群众实际感受，由群众评判。衡量一项工作、一个举措是否有价值，就是看它能否惠及更多百姓、能否让人民满意，唯有始终以百姓心为心，才能确保工作方向不偏，唯有始终以人民满意为标准，才能确保工作到位。其次，让人民满意，是党员干部做好工作的重要方法。“人民群众不仅是浩瀚的力量之海，也是浩瀚的智慧之海。”广大党员干部要坚持问题导向，深入调查研究，切忌“自以为是”，以提高效率为借口，主观臆断，凭想象做事。借鉴历史经验，拜人民为师，将理论经验落于实地，让各项举措走进群众，形成造福人民的务实之绩。习近平总书记曾说：“群众的实践是最丰富最生动的实践，群众中蕴藏着巨大的智慧和力量。”[①] 人民是党执政兴国的最大底气，领导干部干事创业要虚心问需问计于民，向群众学习、拜人民为师，坚持“群众的事同群众多商量”，顺应人民愿望、集中人民智慧，创造出人民满意的政绩。

3. 树立正确的事业观必须坚持人民至上

树立人民至上的事业观，以一往无前的奋斗姿态为人民谋幸福，为民

① 习近平：《之江新语》，浙江人民出版社 2007 年版，第 61 页。

族谋复兴。党的二十大报告指出："我们党立志于中华民族千秋伟业，致力于人类和平与发展崇高事业，责任无比重大，使命无上光荣。"我们的伟大事业归根到底是为了人民、依靠人民、由人民共享、由人民评判的事业。广大党员干部要胸怀"国之大者"，把个人融入到党和人民的共同事业之中，以人民为信仰，牢固树立正确的事业观。

事业观是关于事业方向和道路的看法，决定了采取什么样的事业态度、遵循什么样的事业精神、追求什么样的事业价值。党员干部的事业观，关系着党的事业发展和人民群众的切身利益。首先，"人民至上"的思想引领为党员干部干事创业提供动力。党员干部将"人民"深深刻在心中时，便拥有了源源不断的干事动力。革命战争年代，党怀揣着对人民解放的坚定信念，抛头颅、洒热血，在枪林弹雨中冲锋陷阵，为人民开辟出一条通往光明的道路。社会主义革命和建设时期，党以人民的利益为出发点，带领人民群众艰苦奋斗、自力更生，投身于工厂车间、田间地头，为国家发展建设挥洒汗水。改革开放与社会主义现代化建设新时期，党以敢为人先的勇气和开拓创新的精神，为了人民的美好生活，解放思想、锐意进取，促进经济快速发展。进入新时代，党始终牢记"人民至上"，自信自强、守正创新，深入基层、贴近群众，在脱贫攻坚的战场上挥洒汗水，为实现中华民族伟大复兴的中国梦而努力拼搏。正是凭借着为人民谋幸福的干事创业精神，党在历史的长河中才不断书写壮丽篇章。其次，"人民至上"为党员干部干事创业奠定事业精神。这种事业精神首先表现为无私奉献。党员干部心怀人民，深知自己的使命是为人民服务，便会毫不犹豫地将个人利益置于人民利益之后，把自己的时间、精力甚至生命都奉献给人民的事业。这种事业精神还表现为敢于担当。面对各种复杂问题和艰难挑战，党员干部心系人民、心有信仰，面对繁杂困苦的工作便会不推诿、不退缩，勇敢地挑起肩上的重担，以实际行动诠释对党和人民的忠诚与担当。最后，"人民至上"为党员干部干事创业提供价值追求。广大党员干部要明白，个人价值不在于追逐名利，而在于为人民创造了多少幸福。这种价值追求促使党员干部在工作中始终保持清正廉洁，激励着党员干部不断追求卓越，努力为人民提供更加优质、高效的服务，以人民的满意度为标尺，不断反思和改进自己的工作，力求做到尽善尽美。

二、强化宗旨意识

党的宗旨，是指政党一切工作和做事的主要目的和意图，是政党一切行动的根本出发点和归宿。全心全意为人民服务，是我们党区别于其他一切政党的根本标志，要求我们坚持人民至上、把人民放在心中最高位置，贯彻群众路线、始终保持同人民群众的血肉联系，永远把人民对美好生活的向往作为奋斗目标。新征程上，广大党员干部干事创业要进一步增强宗旨意识，以全心全意为人民服务的根本宗旨为引领，自觉树立正确权力观、政绩观、事业观。

（一）始终坚持全心全意为人民服务的根本宗旨

全心全意为人民服务的根本宗旨，是党的一切行动的根本出发点和落脚点，是党的先进性的本质体现。广大党员干部要明白，我们党是为人民服务的政党，是为人民做事的政党。习近平总书记明确指出："我们讲宗旨，讲了很多话，但说到底还是为人民服务这句话。"[①]既重申了我们党的一贯主张，又明确了新形势下共产党人必须永葆的政治情怀。

1. 全心全意为人民服务

中国共产党的宗旨是全心全意为人民服务，即一切从人民利益出发，不惜牺牲个人的一切，为实现共产主义奋斗终身。我们党除了工人阶级和广大人民的利益，没有自己特殊的利益。中国共产党是中国工人阶级的先锋队，同时是中国人民和中华民族的先锋队，是中国特色社会主义事业的领导核心，代表中国先进生产力的发展要求，代表中国先进文化的前进方

① 习近平：《做焦裕禄式的县委书记》，中央文献出版社2015年版，第24页。

向，代表中国最广大人民的根本利益。这就决定了我们党开展一切工作的立场都是围绕为广大人民群众谋利益，让人民生活更加幸福。党的利益同广大人民群众的根本利益是完全一致的，党员同广大劳动人民之间是同甘苦、共命运的关系，党为人民服务是主动的、自觉的、无私的，不带任何条件的，完全是全心全意的。自中国共产党成立以来，历经百年风雨洗礼，一代又一代的中国共产党人始终坚守为中国人民谋幸福、为中华民族谋复兴的初心和使命，与人民群众紧密团结在一起，共同奋斗，携手共进，实现了中华民族从站起来、富起来到强起来的伟大飞跃。践行全心全意为人民服务的宗旨，就要在任何时候都必须把人民利益放在第一位，把实现好、维护好、发展好最广大人民根本利益作为一切工作的出发点和落脚点。

2. 为人民服务的优良传统

“为人民服务”这五个大字，犹如一座巍峨的灯塔，照亮了中国共产党奋斗的征程。1939 年，毛泽东在给张闻天的信中首次提出“为人民服务”；1944 年，毛泽东在革命战士张思德的追悼会上发表题为《为人民服务》的讲话，由此，一篇马克思主义中国化的经典文献诞生，并为党确立根本宗旨奠定了基础。讲话中指出：“我们这个队伍完全是为着解放人民的，是彻底地为人民的利益工作的。”同年冬天，他为党内刊物《书报简讯》题词：“书报简讯办得很好，希望继续努力，为党即是为人民服务。”1945 年，毛泽东在党的七大报告中进一步指出：“我们共产党人区别于其他任何政党的又一个显著的标志，就是和最广大的人民群众取得最密切的联系。全心全意地为人民服务，一刻也不脱离群众；一切从人民的利益出发，而不是从个人或小集团的利益出发；向人民负责和向党的领导机关负责的一致性；这些就是我们的出发点。”党的七大将“全心全意为人民服务”的宗旨写入了 1945 年通过的《中国共产党党章》，明确规定：“中国共产党人必须具有全心全意为中国人民服务的精神”。以后的历次党代会都坚持把全心全意为人民服务的宗旨写入党章。新时代以来，党面临的世情、国情、党情发生了深刻变化，但全心全意为人民服务的宗旨始终未变。

（二）广大党员干部要自觉强化宗旨意识

思想是行动的先导。广大党员干部要自觉强化宗旨意识，时刻牢记全心全意为人民服务，把公仆意识内化于心、外化于行，一切工作的最终目的都是人民的美好生活，始终牢记为中国人民谋幸福、为中华民族谋复兴的初心和使命。只有思想到位，实践工作才能到位。党员干部宗旨意识强，在工作中才能始终保持积极向上的实干精神和勇往直前的奋斗姿态。

1. 增强宗旨意识是新征程的必然要求

当前，世界百年未有之大变局加速演进，世界之变、时代之变、历史之变正以前所未有的方式展开。中华民族伟大复兴进入关键时期，面对新的机遇与挑战，开创中国特色社会主义事业新局面，不仅需要我们始终坚持党的宗旨，而且需要我们按照新的时代要求，不断深化党的宗旨意识。新征程上，人民的力量更加凸显，无论是科技创新、经济高质量发展，还是社会治理的创新，都离不开人民的智慧和创造。党的二十届三中全会通过的《中共中央关于进一步全面深化改革、推进中国式现代化的决定》提出进一步全面深化改革的总目标“聚焦发展全过程人民民主”“聚焦提高人民生活品质”等一系列与人民美好生活息息相关的重点任务。这充分说明，进一步全面深化改革必须坚持以人民为中心，做到改革为了人民、改革依靠人民、改革成果由人民共享。因此，广大党员干部无论置身何地，都要自觉增强宗旨意识，始终坚持全心全意为人民服务。

强化宗旨意识是提高党的执政能力、保持和发展党的先进性和纯洁性的重要任务。随着教育的加强和认识的深化，党员干部的宗旨意识、群众观念得到了强化，党群干群关系更加密切，但也存在一些不容忽视的问题。有的干部疏远群众、脱离群众，“跑上面多、跑基层少、与群众远”。有的形式主义、官僚主义严重，下去调研“坐着小车转一转，隔着玻璃看一看”，不了解民情民意。有的不愿和群众打交道，怕同群众接触惹事上身、怕跟群众交流脱不开身、怕为群众办事麻烦缠身。有的不会做群众工作，同群众搭不上话、坐不到一条板凳上去。有的霸气十足、颐指气使，对待群众态度恶劣、言语嚣张，等等[①]。我们党是代表人民利益的政党，如果在坚持党的宗旨方面出了问题，犯了错误，就会损害党的威信和形象，侵蚀党的执政根基。因此，全心全意为人民服务不是一般的思想作风问题，而是关系到党的执政地位能否巩固的重大政治问题。中国共产党的根基在人民，全心全意为人民服务是党的根本宗旨，在任何时候、任何情况下，这一根本宗旨都不能改变。

党员干部强化宗旨意识。第一，要全面贯彻、深入落实党的群众路线，明确人民群众的主体地位，真正把人民群众放在心中最高位置，凡事都要坚持以人民为中心的发展思想，不断提高服务意识和行动自觉。第二，要加强自身理论修养，在真学真信中坚定理想信念，在学思践悟中牢记初心使命，在细照笃行中不断修炼自我，增强政治觉悟，深化思想认识，提高业务能力，真正做到讲政治、顾大局、守纪律。第三，要创新群众工作方法，深入基层一线调研学习，了解社情民意，贴近人民群众生产生活，尽职尽责为百姓搞好服务，不断巩固和扩大党的群众基础，发展和谐党群关系、干群关系。

2. 永远把人民对美好生活的向往作为奋斗目标

习近平总书记强调，“检验我们一切工作的成效，最终都要看人民是否真正得到了实惠，人民生活是否真正得到了改善，人民权益是否真正得到了保障”[②]，“永远把人民对美好生活的向往作为奋斗目标”[③]。充分体现了我们党一以贯之的人民情怀和价值追求。党的二十大开启了全面建设社会主义现代化国家的新征程，而现代化的最终目标是实现人自由而全面的发展。现代化不仅要看纸面上的指标数据，更要看人民的幸福安康。广

① 习近平:《努力成长为对党和人民忠诚可靠、堪当时代重任的栋梁之才》,《求是》2023年第13期。

② 习近平:《在纪念毛泽东同志诞辰120周年座谈会上的讲话》,《人民日报》2013年12月27日。

③ 习近平:《决胜全面建成小康社会 夺取新时代中国特色社会主义伟大胜利——在中国共产党第十九次全国代表大会上的报告》,《人民日报》2017年10月28日。

大党员干部要深刻领会习近平总书记的重要讲话精神，永远把人民对美好生活的向往作为干事创业的动力和目标。

为人民服务，不是一句空洞的口号，而是中国共产党一以贯之的行动准则。中国共产党能否做到立党为公、执政为民，能否做到全心全意为人民谋利益，对共产党执政地位能否稳固具有十分重要的影响。共产党的价值目标就是为实现社会主义、共产主义而奋斗，就是一切为了群众，就是全心全意为人民服务。

全心全意为人民服务，必须始终把人民利益摆在至高无上的地位，让改革发展成果更多更公平惠及全体人民，朝着实现全体人民共同富裕不断迈进。以习近平同志为核心的党中央坚持以人民为中心的发展思想，抓住人民最关心最直接最现实的利益问题，在收入分配、就业、教育、社会保障、医疗卫生、住房保障等方面推出一系列重大举措，不断推进学有所教、劳有所得、病有所医、老有所养、住有所居，促进社会和谐稳定，人民群众的获得感、幸福感、安全感更加充实、更有保障、更可持续。

习近平总书记强调："坚持在发展中保障和改善民生，增强基本公共服务均衡性和可及性，多办顺民意、惠民生、暖民心的实事，不断满足各族人民对美好生活的向往。"[①] 新时代新征程，我们要立足新发展阶段、贯彻新发展理念、构建新发展格局，推动高质量发展，在更高水平上增进人民福祉，更好满足人民日益增长的美好生活的需要，更好促进人的自由而全面发展。全体党员要把促进全体人民共同富裕摆在更加重要的位置，向着这个目标更加积极有为地努力，脚踏实地、久久为功，推动全体人民共同富裕取得更为明显的实质性进展。

前进道路上，我们要始终牢记全心全意为人民服务的根本宗旨，尊重人民首创精神，坚持一切为了人民，一切依靠人民，时刻与人民想在一起、干在一起，始终赢得人民的拥护和支持，聚合起 14 亿多中国人民的磅礴

① 习近平：《在全国民族团结进步表彰大会上的讲话》，《人民日报》2024 年 9 月 28 日。

之力，众志成城推进中华民族伟大复兴历史进程，奋力谱写全面建设社会主义现代化国家崭新篇章。

三、坚守初心使命

习近平总书记在党的二十大报告中指出："全党同志务必不忘初心、牢记使命，务必谦虚谨慎、艰苦奋斗，务必敢于斗争、善于斗争，坚定历史自信，增强历史主动，谱写新时代中国特色社会主义更加绚丽的华章。"中国共产党人的初心和使命，就是为中国人民谋幸福，为中华民族谋复兴。深刻理解把握"不忘初心、牢记使命"的科学内涵、核心要义和基本要求，对于党员干部进一步总结历史经验，结合新时代新要求树立正确权力观、政绩观、事业观，更加自觉地把新时代党的自我革命推向深入，更加自觉地为新时代党的历史使命而努力奋斗，具有十分重要的意义。

（一）为中国人民谋幸福，为中华民族谋复兴

为中国人民谋幸福，为中华民族谋复兴，是中国共产党人的初心和使命。这个初心和使命，不仅仅是中国人民百年寻梦的理想追求，更是激励中国共产党人不断前进的根本动力。

1. 为中国人民谋幸福

习近平总书记强调："为人民而生，因人民而兴，始终同人民在一起，为人民利益而奋斗，是我们党立党兴党强党的根本出发点和落脚点。"[①] 我们党自成立之日起，就把人民放在心中最高位置。在革命、建设、改革各个历史时期，我们党始终坚持全心全意为人民服务。新民主主义革命时期，为人民谋幸福的主要任务和根本标志是实现民族独立、人民当家作主；社会主义革命和建设时期，为人民谋幸福的主要任务和根本标志是实现社会

① 习近平：《在党史学习教育动员大会上的讲话》，《求是》2021 年第 7 期。

变革、发展社会生产力；改革开放和社会主义现代化建设新时期，为人民谋幸福的主要任务和根本标志是改变贫穷落后面貌，实现生活富裕，全力推进中华民族从站起来到富起来的伟大飞跃；中国特色社会主义进入新时代，为人民谋幸福的主要任务和根本标志是努力实现中华民族伟大复兴的中国梦，使广大人民群众期盼的更高质量、更高水平的美好生活在更广范围、更大程度上变为现实[①]。

改革开放破除阻碍国家和民族发展的一切思想和体制障碍，开辟了中国特色社会主义道路，使中国大踏步赶上时代。新时代以来，以习近平同志为核心的党中央科学把握新时代我国社会主要矛盾的新变化，坚持人民至上的价值理念，推动中国经济高质量发展，人民物质生活、精神生活、社会生活水平不断提高，全过程人民民主不断完善发展，生态环境显著改善。党的二十大报告在总结新时代十年取得的成就时指出："我们深入贯彻以人民为中心的发展思想，在幼有所育、学有所教、劳有所得、病有所医、老有所养、住有所居、弱有所扶上持续用力，人民生活全方位改善。人均预期寿命增长到七十八点二岁。居民人均可支配收入从一万六千五百元增加到三万五千一百元。城镇新增就业年均一千三百万人以上。建成世界上规模最大的教育体系、社会保障体系、医疗卫生体系，教育普及水平实现历史性跨越，基本养老保险覆盖十亿四千万人，基本医疗保险参保率稳定在百分之九十五。及时调整生育政策。改造棚户区住房四千二百多万套，改造农村危房二千四百多万户，城乡居民住房条件明显改善。互联网上网人数达十亿三千万人。人民群众获得感、幸福感、安全感更加充实、更有保障、更可持续，共同富裕取得新成效。"新的历史方位下，党和国家各项事业取得历史性成就，发生历史性变革。中国共产党以高度的责任意识和担当精神领导中国人民如期打赢脱贫攻坚战，全国 832 个贫困县全部摘帽，近一亿农村贫困人口实现脱贫，960 多万贫困人口实现易地搬迁，

---

① 范鹏、朱亚男:《为人民谋幸福的一百年》,《甘肃日报》2021 年 11 月 26 日。

历史性地解决了绝对贫困问题，实现了第一个百年奋斗目标。居民就业收入稳定、社会保障不断完善、社会治理水平不断提高、国家安全进一步增强，人民幸福成为中国社会文明进步的鲜明标志。

实践充分证明，中国共产党打江山、守江山，守的是人民的心，为的就是人民幸福。在全面建设社会主义现代化国家新征程上，全体党员干部必须自觉把人民放在心中最高位置、把人民对美好生活的向往作为奋斗目标，推动改革发展成果更多更公平惠及全体人民，实现人民的共同期盼。

2. 为中华民族谋复兴

习近平总书记强调："一百年来，中国共产党团结带领中国人民进行的一切奋斗、一切牺牲、一切创造，归结起来就是一个主题：实现中华民族伟大复兴。"[①] 在百余年奋斗历程中，我们党屡经风雨波折和严酷考验，始终为了中华民族的伟大复兴而勇往直前，不断从胜利走向胜利。在这一过程中，中国共产党人准确把握时代特征，科学把握中国国情，回答时代之问、人民之问，把马克思主义基本原理同中国具体实际相结合，不断推进马克思主义中国化，在实践创新与理论创新的良性互动中，领导中国人民接力奋斗，实现了中华民族从站起来、富起来到强起来的伟大飞跃。

在革命斗争中，以毛泽东同志为主要代表的中国共产党人，把马克思列宁主义基本原理同中国具体实际相结合，对经过艰苦探索、付出巨大牺牲积累的一系列独创性经验作了理论概括，开辟了农村包围城市、武装夺取政权的正确革命道路，创立了毛泽东思想，为夺取新民主主义革命胜利指明了正确方向。党领导人民浴血奋战、百折不挠，创造了新民主主义革命的伟大成就，成立中华人民共和国，实现民族独立、人民解放，彻底结束了旧中国半殖民地半封建社会的历史，彻底结束了极少数剥削者统治广大劳动人民的历史，彻底结束了旧中国一盘散沙的局面，彻底废除了列强强加给中国的不平等条约和帝国主义在中国的一切特权，实现了中国从几

① 习近平：《在庆祝中国共产党成立100周年大会上的讲话》，《人民日报》2021年7月2日。

千年封建专制政治向人民民主的伟大飞跃，也极大改变了世界政治格局，鼓舞了全世界被压迫民族和被压迫人民争取解放的斗争。

党的十一届三中全会以后，以邓小平同志为主要代表的中国共产党人，团结带领全党全国各族人民，深刻总结新中国成立以来正反两方面经验，围绕什么是社会主义、怎样建设社会主义这一根本问题，借鉴世界社会主义历史经验，创立了邓小平理论，解放思想，实事求是，作出把党和国家工作中心转移到经济建设上来、实行改革开放的历史性决策，深刻揭示社会主义本质，确立社会主义初级阶段基本路线，明确提出走自己的路、建设中国特色社会主义，科学回答了建设中国特色社会主义的一系列基本问题，制定了到21世纪中叶分三步走、基本实现社会主义现代化的发展战略，成功开创了中国特色社会主义。

党的十三届四中全会以后，以江泽民同志为主要代表的中国共产党人，团结带领全党全国各族人民，坚持党的基本理论、基本路线，加深了对什么是社会主义、怎样建设社会主义和建设什么样的党、怎样建设党的认识，形成了"三个代表"重要思想，在国内外形势十分复杂、世界社会主义出现严重曲折的严峻考验面前捍卫了中国特色社会主义，确立了社会主义市场经济体制的改革目标和基本框架，确立了社会主义初级阶段公有制为主体、多种所有制经济共同发展的基本经济制度和按劳分配为主体、多种分配方式并存的分配制度，开创全面改革开放新局面，推进党的建设新的伟大工程，成功把中国特色社会主义推向21世纪。

党的十六大以后，以胡锦涛同志为主要代表的中国共产党人，团结带领全党全国各族人民，在全面建设小康社会进程中推进实践创新、理论创新、制度创新，深刻认识和回答了新形势下实现什么样的发展、怎样发展等重大问题，形成了科学发展观，抓住重要战略机遇期，聚精会神搞建设，一心一意谋发展，强调坚持以人为本、全面协调可持续发展，着力保障和改善民生，促进社会公平正义，推进党的执政能力建设和先进性建设，成功在新形势下坚持和发展了中国特色社会主义。

党的十八大以来，以习近平同志为核心的党中央，坚持把马克思主义基本原理同中国具体实际相结合、同中华优秀传统文化相结合，科学回答了新时代坚持和发展什么样的中国特色社会主义、怎样坚持和发展中国特色社会主义等重大时代课题，创立了习近平新时代中国特色社会主义思想。党的十九大、十九届六中全会提出的“十个明确”“十四个坚持”“十三个方面成就”概括了这一思想的主要内容。习近平新时代中国特色社会主义思想是对马克思列宁主义、毛泽东思想、邓小平理论、“三个代表”重要思想、科学发展观的继承和发展，是当代中国马克思主义、21 世纪马克思主义，是中华文化和中国精神的时代精华，是党和人民实践经验和集体智慧的结晶，是中国特色社会主义理论体系的重要组成部分，是全党全国人民为实现中华民族伟大复兴而奋斗的行动指南，必须长期坚持并不断发展。党确立习近平同志党中央的核心、全党的核心地位，确立习近平新时代中国特色社会主义思想的指导地位，反映了全党全军全国各族人民共同心愿，对新时代党和国家事业发展、对推进中华民族伟大复兴历史进程具有决定性意义。在习近平新时代中国特色社会主义思想指导下，中国共产党领导全国各族人民，统揽伟大斗争、伟大工程、伟大事业、伟大梦想，推动中国特色社会主义进入了新时代，实现第一个百年奋斗目标，开启了实现第二个百年奋斗目标的新征程。

（二）不忘初心、牢记使命

初心如磐，使命如炬。“不忘初心、牢记使命”是用习近平新时代中国特色社会主义思想武装全党的迫切需要，是推进新时代党的建设的迫切需要，是保持党同人民群众血肉联系的迫切需要。党的十九大报告强调“不忘初心、牢记使命”，党的二十大报告强调，“全党同志务必不忘初心、牢记使命”。从“不忘初心、牢记使命”到“务必不忘初心、牢记使命”，彰显了我们党对自身历史使命的坚定信念和不断自我革命的决心。“务必不忘初心、牢记使命”，明确了为中国人民谋幸福、为中华民族谋复兴的初心使命是中国共产党人的永恒追求，凸显了坚守初心使命的时代要求，体现了我们党时刻保持解决大党独有难题的清醒和坚定。

1. 从党的百余年奋斗史来深刻把握务必不忘初心、牢记使命

“我们党的全部历史都是从中共一大开启的，我们走得再远都不能忘记来时的路。”[①] 习近平总书记指出：“牢记和践行为中国人民谋幸福、为中华民族谋复兴的初心使命，是贯穿我们党百年奋斗史的一条红线。”[②] 百年风雨兼程，百年大浪淘沙。一百多年前，中国共产党成立时只有 50 多名党员，今天已经成为拥有 10027.1 万名党员、领导着 14 亿多人口大国、具有重大全球影响力的世界第一大执政党。百年沧桑巨变，是牢记和践行为中国人民谋幸福、为中华民族谋复兴的初心使命这条红线，牵引着这个百年大党历经艰难困苦愈发朝气蓬勃、饱经风霜雪雨依然生机勃勃。我们党走得再远，都从未忘记为什么出发。

在百余年奋斗历程中，我们党对矢志不渝践行初心使命的认识日益深刻、行动日益坚定。新时代以来，党和国家事业取得历史性成就、发生历史性变革，究其动力之源，就在于我们党对践行初心更加笃定、对担当使命更加自觉。党的百余年奋斗历程充分表明，越是接近宏伟目标，越要保持冷静清醒，越要增强践行初心使命的自觉性，牢记我们为什么出发、向哪里进发，为什么奋斗、为谁奋斗。

2. 从始终得到人民拥护和支持、书写中华民族千秋伟业来深刻把握务必不忘初心、牢记使命

习近平总书记在“不忘初心、牢记使命”主题教育总结大会上指出：“我们党作为百年大党，要始终得到人民拥护和支持，书写中华民族千秋伟业，必须始终牢记初心和使命。”一百多年来，我们党为什么能始终得

① 习近平：《论中国共产党历史》，中央文献出版社 2021 年版，第 184 页。

② 《习近平在中共中央政治局第三十一次集体学习时强调 用好红色资源赓续红色血脉 努力创造无愧于历史和人民的新业绩》，《人民日报》2021 年 6 月 27 日。

到人民拥护和支持，为什么能够书写中华民族几千年历史上最恢宏的史诗？就是因为党始终牢记和践行初心使命，以人民心为心，始终同人民站在一起、想在一起、干在一起。当前形势环境变化迅疾、改革发展稳定任务紧迫、矛盾风险挑战繁多，党治国理政面临的考验前所未有。道阻且长，行则将至。新征程上，无论顺境还是逆境，无论高歌行进还是风高浪急，全体党员必须始终自觉做到不忘初心、牢记使命，要结合时代的变化、实践的发展，结合世情国情党情的深刻变化，结合人民群众的丰富实践，更好把对初心使命的坚守转化为自我革命的动力，以为民之心监督用权，以初心使命引领事业。

四、做到“民之所盼，我必行之”

念“民之所忧”、行“民之所盼”，体现的是一种情怀、一种担当、一种境界，表明了我们党为人民而生、因人民而兴，始终同人民在一起，尽心竭力为人民谋利益的政治立场。这不仅是我们党立党兴党强党的根本价值取向，而且是我们党执政兴国的最大底气和坚实基础。广大党员干部必须始终牢记“人民对美好生活的向往，就是我们的奋斗目标”，摆正权力观、政绩观、事业观，把人民群众的利益放在首位，切实解决群众最关心、最直接、最现实的利益问题；深入基层、深入群众，倾听民声、了解民意、汇聚民智，把群众的智慧和力量转化为推动发展的强大动力；不断加强自身建设，提高服务群众的能力和水平，以更加饱满的热情、更加务实的作风、更加有力的措施，为实现中华民族伟大复兴的中国梦贡献力量。只有这样，我们党才能不断赢得人民群众的信任和支持，确保党和国家事业薪火相传、长盛不衰。

（一）解决急难愁盼问题，回应人民群众新期盼

《中共中央关于党的百年奋斗重大成就和历史经验的决议》强调：“着力解决发展不平衡不充分问题和人民群众急难愁盼问题，不断实现好、维

护好、发展好最广大人民根本利益，团结带领全国各族人民不断为美好生活而奋斗。”“十五五”规划建议对“加大保障和改善民生力度，扎实推进全体人民共同富裕”作出明确部署，要求“加强普惠性、基础性、兜底性民生建设，解决好人民群众急难愁盼问题”。保障和改善民生没有终点，只有连续不断的新起点。中国共产党是为人民服务的政党，群众的操心事、烦心事，就是我们党千方百计要解决的。如何让高质量发展成果更好惠及广大群众，让群众过上更幸福、更美好的生活，关键要更加聚焦群众所思所想、所期所盼，持续不断地把惠民利民的好事办实、办好。

1. 增进人民福祉亟待解决的急难愁盼问题

新时代以来，以习近平同志为核心的党中央把人民对美好生活的向往作为奋斗目标，高度重视民生事业发展，历史性地解决了绝对贫困问题，推动我国人民生活全方位改善，使我国进入了国际公认的人民生活相对富裕阶段。但是，新征程上，人民日益增长的美好生活需要和不平衡不充分的发展之间的矛盾依然存在，城乡区域发展和收入分配差距仍然较大，民生保障仍存在短板，群众在就业、教育、医疗、托育、养老、住房等方面还是面临不少难题。具体来说，主要表现在以下方面。

脱贫攻坚成果需要进一步巩固拓展。教育领域需要进一步回应人民群众需要，加快教育强国建设，办好人民满意的教育。收入分配制度需要加快完善，缩小收入分配差距。就业总量和结构性矛盾并存问题亟待解决。社会保障需求强烈，社会保障体系需要进一步健全。医药卫生体制改革需要进一步深化。托育体系尚不完善，普惠服务仍待加强。养老服务需求越来越强烈，养老服务体系尚待健全。

在发展中保障和改善民生是中国式现代化的重大任务。这一任务的核心在于解决人民最关心、最直接、最现实的利益问题，确保改革始终得到人民群众的衷心拥护。上述民生保障问题体现了人民群众对美好生活的新期待，反映着社会主要矛盾的变化。《中共中央关于进一步全面深化改革、推进中国式现代化的决定》将“聚焦提高人民生活品质”写入进一步全面深化改革的总目标，突出促进经济建设和改善民生，正是回应中国式现代化的要求，顺应人民群众的新期待和社会预期，立足当下又着眼长远，充分体现了以人民为中心的发展思想。

为政之道，以顺民心为本，以厚民生为本。广大党员干部必须始终把人民安居乐业、安危冷暖放在心上，用心用情用力解决群众急难愁盼问题，切实解决好人民最关心最直接最现实的利益问题，扎实补齐民生保障短板，不断满足人民对美好生活的向往，不断增强人民群众获得感、幸福感、安全感，让现代化建设成果更多更公平惠及全体人民。

2. 以正确三观行民之所盼

立党为公，执政为民。广大党员干部要当好"老百姓的官"，必须始终做到想群众所想、急群众所急、干群众所需，切实解决群众急难愁盼问题，以正确权力观、政绩观、事业观踏实创业，不断满足新征程上人民群众对美好生活的期盼，以实干实绩赢得群众的信赖与支持。

以正确权力观回应人民公正期待。权力是一把双刃剑，正确运用则能造福人民，滥用则会损害人民利益。党员干部必须深刻认识到，权力来自人民，是人民赋予的重托和责任。在实际工作中，要做到公正用权，必须严格按照法律法规和规章制度办事。在资源分配、项目审批、人事任免等方面，都要坚持公平、公正、公开的原则，不搞特权、不徇私情。确保权力在阳光下运行，接受人民群众的监督。积极倾听人民群众的呼声，尊重他们的意愿和选择。在决策过程中，充分征求群众意见，让权力的行使更加符合人民的利益和期待。

以正确政绩观回应人民实干期待。人民对美好生活的向往，不仅仅是对物质生活的追求，更是对实实在在改变、真真切切发展的渴望。这种渴望，凝聚成了对党员干部真抓实干的期待。这就要求广大党员干部必须树立正确的政绩观，处理好"潜绩"和"显绩"的关系。"潜"是"显"的基础，"显"是"潜"的结果，"潜绩"和"显绩"对立统一。有的领导干部主政期间，为获上级瞩目，常陷入急功近利与好大喜功的泥沼，偏好那些能迅速博人眼球、表面风光的事务，却对密切关乎民众切身利益的平凡琐碎事务漠然视之。有的领导干部醉心于构建“可视范围”内华而不实的“面子工程”“形象工程”，全然不顾客观规律与地方实情，肆意开展破坏性开发与掠夺式经营，盲目铺张，徒耗民力财力，致使一代人的所谓“政绩”成为后代沉重的包袱。还有领导干部深陷“自我设计”的迷局，满心痴迷于“晋升路线图”，将精力尽数倾注于“唱功”，却严重忽视“做功”，频繁现身广播、电视、报纸，竭力刷存在感。有的欠发达地区的领导干部，一味贪图“短、平、快”，急于展示自身才能与魄力，只着眼当下及任期内的效益，极少为后续发展做铺垫，最终导致“解决一个问题，遗留诸多遗憾”的不良局面。所以广大党员干部要牢牢树立正确政绩观，以人民满意为追求，防止在干事创业中迷失方向。以切实解决群众所需，为民谋利益为导向，回应人民对党员干部的实干期待。

以正确事业观回应人民发展期待。人民日益增长的美好生活需要、人的全面发展的需要。全体人民共同富裕的需要都是人民最基本的发展期待。习近平总书记在新年寄语中曾深情指出：“把人民的期待变成我们的行动，把人民的希望变成生活的现实。”① 事业的成功是拼出来、干出来的，不是等出来、喊出来的。我们干事创业，有风有雨是常态，无惧风雨是心态，风雨兼程是状态。一个人如果在困难面前推诿逃避、在风险面前畏缩躲闪，就必定担不了事、也干不成事。广大党员干部必须担起该担的责任，立足实际，回应群众的发展期待，一步一动抓到底、一板一眼落到位，真正以苦干实干的行动诠释敬业精神，以担当作为的成效彰显精业品质，书写无愧于时代、无愧于使命的人生篇章。

（二）以人民是否赞成、高兴、满意作为检验工作的标准

“时代是出卷人，我们是答卷人，人民是阅卷人”。这句话深刻阐明了

① 《国家主席习近平发表二〇一五年新年贺词》，《人民日报》2015年1月1日。

三者间的关系。人民满意是衡量一切工作的最高标准，同时也是衡量广大党员干部回应落实“民之所盼，我必行之”的最佳标尺。在推进社会主义建设的伟大征程中，广大人民群众作为发展的中坚力量，对于发展方向的科学性、发展路径的合理性以及发展成效的满意度等问题，具有无可替代的评判权，是最具权威的“阅卷者”。

“知屋漏者在宇下，知政失者在草野。”邓小平将“人民拥护不拥护，人民赞成不赞成，人民高兴不高兴，人民答应不答应”作为检验共产党执政的根本标准。随后这一思想延续至今。习近平总书记在多个重要场合强调“让群众满意是我们党做好一切工作的价值取向和根本标准，群众意见是一把最好的尺子”①，并进一步明确，要“把人民拥护不拥护、赞成不赞成、高兴不高兴、答应不答应作为衡量一切工作得失的根本标准”②。

人民的获得感，改革的含金量。党的二十届三中全会将“坚持以人民为中心，尊重人民主体地位和首创精神，人民有所呼、改革有所应，做到改革为了人民、改革依靠人民、改革成果由人民共享”作为进一步全面深化改革的重大原则之一，充分彰显了我们党把为人民谋幸福作为检验改革成效的标准，是我们党性质宗旨、初心使命的生动体现。习近平总书记深刻指出：“改革发展搞得成功不成功，最终的判断标准是人民是不是共同享受到了改革发展成果。”③事实有力证明，从人民群众所需出发，就能找准改革的方向和突破口；以群众到底认不认可、满不满意来检验，就能让改革落到实处、取得实效。人民群众身处实践最前沿，对于现实变化感知最敏锐、感受最深切，意见建议最聪慧、最管用。保障他们的意见建议畅通表达，有利于更好把握发展规律、破解发展难题、提升改革成效。同时，党员干部特别是领导干部在抓改革措施落地见效时，广泛听取群众意见和

① 习近平：《在党的群众路线教育实践活动总结大会上的讲话》，《人民日报》2014 年 10 月 9 日。

② 习近平：《在庆祝中国共产党成立 95 周年大会上的讲话》，《人民日报》2016 年 7 月 2 日。

③《征求对中共中央关于制定国民经济和社会发展第十三个五年规划的建议的意见 中共中央召开党外人士座谈会 习近平主持并发表重要讲话》，《人民日报》2015 年 10 月 31 日。

建议，以人民对工作政策的评价为准绳，有利于准确把握工作落实的实际情况，抓住人民最关心最直接最现实的利益问题推进重点领域改革。如此，才能多出一些叫得响、立得住、群众真正欢迎的真招实招。

党的十八大以来，我们党先后开展党的群众路线教育实践活动、“三严三实”专题教育、“两学一做”学习教育、“不忘初心、牢记使命”主题教育、党史学习教育、学习贯彻习近平新时代中国特色社会主义思想主题教育、党纪学习教育、深入贯彻中央八项规定精神学习教育、树立和践行正确政绩观学习教育等党内集中学习教育，都是紧扣服务人民这个主旨来展开，落脚点都是解决群众急难愁盼问题。2023 年，习近平总书记在广东考察时指出：“把人民群众满意不满意作为评判主题教育成效的根本标准”。可见，开展教育的核心要义不仅在于为了人民、依靠人民、成果由人民共享，也包括工作成效由人民来检验和评判。

群众利益无小事，民生问题大于天。事实证明，群众最期盼的是党员干部眼睛向下看、身子往下沉，真正倾听群众呼声、真实反映群众愿望、真情关心群众疾苦；最关心的是党员干部主动担当、勇于作为，把影响群众的闹心事、挠头事、烦心事想方设法办理、千方百计解决；最渴望的是在无助时党员干部及时靠上去、帮一把、跟一段，困难时有人热心问、负责管、专门办，真正感受到党和政府的关心和温暖。这要求领导干部做决策，要自觉朝着人民满意的方向，充分做好调查研究，深入人民群众，沉下心来了解群众所忧所需、所急所盼，广泛征求群众意见，把群众的呼声和意见作为决策的重要参考，把群众想的念的盼的都作为必须干的，让更多的政策举措便民利民惠民。

第七章

心中有责，

真抓实干正“三观”

习近平总书记指出，每一名党员干部都要做到心中有党、心中有民、心中有责、心中有戒，把为党和人民事业无私奉献作为人生的最高追求[①]。党员干部做到了心中有责，就能自觉树立正确权力观、政绩观、事业观，就能直面挑战迎难而上，就有了功成不必在我的奋斗目标和功成必定有我的责任担当，就能够为官一任、造福一方，摒除私心杂念，在履职尽责、实干担当中，体现共产党员的先进性和纯洁性，实现共产党人的价值追求。

党员干部有多大权力就有多大责任。权责对等、权责一体，是对马克思主义权力观的丰富发展，也是中国共产党人干事创业的原则方法。有的干部怕担责就不担当、不作为，认为不用权就不会出现作风问题，办事推三阻四、敷衍塞责，严重损害了党的形象。习近平总书记指出："党的干部必须勤勉敬业、求真务实、真抓实干、精益求精，创造出经得起实践、人民、历史检验的实绩。"[②]政绩观是党员干部谋事创业的"总开关"，管理着党员领导干部的发展意识与责任担当。广大党员干部要时刻将责任高悬于心，既要做看得见摸得着的实事，也要做打基础利长远的好事，明白真干才能出真绩，实干才能出实绩，坚持干在实处、务求实效，防止形式主义、官僚主义。

一、敢于担当，善于作为

干事担事，是干部的职责所在，也是价值所在。广大党员干部涵养党性、立正三观必须勇于担当，善于作为。2023 年，习近平总书记在学习贯彻习近平新时代中国特色社会主义思想主题教育工作会议上强调："要教育引导广大党员、干部学思想、见行动，树立正确的权力观、政绩观、事业观，增强责任感和使命感，不断提高推动高质量发展本领、服务群众本领、防范化解风险本领，加强斗争精神和斗争本领养成，提振锐意进

① 习近平：《在庆祝中国共产党成立 95 周年大会上的讲话》，《人民日报》2016 年 7 月 2 日。

② 《习近平谈治国理政》第 1 卷，外文出版社 2018 年版，第 413 页。

取、担当有为的精气神。要采取有效措施，着力消除影响干部担当作为的各种消极因素，敢于为担当者担当、为负责者负责、为干事者撑腰，让愿担当、敢担当、善担当蔚然成风，推动广大党员、干部以满腔热忱奋进新征程、建功新时代。”能否敢于负责、勇于担当，最能看出一个干部的党性和作风。新征程上，我们越是接近民族复兴越不会一帆风顺，越充满风险挑战乃至惊涛骇浪，就越需要广大党员干部练就担当的宽肩膀、成事的真本领。

（一）敢于担当是中国共产党人的鲜明特征和政治本色

习近平总书记在 2021 年秋季学期中央党校（国家行政学院）中青年干部培训班开班式上的重要讲话中指出：“勇于担当、善于作为。干事担事，是干部的职责所在，也是价值所在。党把干部放在各个岗位上是要大家担当干事，而不是做官享福。改革发展稳定工作那么多，要做好工作都要担当作为。如果不担当、不作为，没有执行力、战斗力，那是要打败仗的。”党员干部要以“功成不必在我”的精神境界和“功成必定有我”的历史担当，为了党和人民利益事不避难、义不逃责，大胆地干、坚决地干，创造扎扎实实的工作业绩。

1. 担当精神是中国共产党人从历史中传承的优良品质

习近平总书记曾将自己的执政理念概括为：“为人民服务，担当起该担当的责任”[①]。担当，是一种精神，一种境界，更是一种责任。大事难事看担当，顺境逆境看襟怀。担当，是党的干部必须具备的基本素质。担当精神体现着领导干部的党性和觉悟，体现着领导干部的胸襟和勇气。有多大担当就能干多大事业，尽多大责任才会有多大成就。实践性是马克思主义的鲜明品格，担当作为是马克思主义者与马克思主义政党的鲜明标识。

一部百余年的中国共产党历史，就是中国共产党人前仆后继、不怕牺

① 《习近平接受俄罗斯电视台专访》，《人民日报》2014 年 2 月 9 日。

性的担当奋斗史。勇于担当、善于作为是我们党百余年历史中始终保持强大战斗力、始终走在时代前列的重要动力，也是我们能够领导中国革命、建设、改革不断取得一个又一个胜利的重要原因。革命战争年代，担当就是在纷繁复杂的社会思潮中，高举马克思主义的伟大旗帜，把实现共产主义作为党的最高理想，义无反顾肩负起了实现中华民族伟大复兴的历史使命；就是一大批敢于担当、不怕牺牲的党员干部为民族独立和解放抛头颅、洒热血，前仆后继，在所不辞。改革开放年代，担当就是坚持解放思想、实事求是，以巨大政治勇气和理论勇气，作出把党和国家工作中心转移到经济建设上来、实行改革开放的历史性决策，开启了我国改革发展的新局面；就是一批敢为人先、勇于创业的党员干部为开辟中国特色社会主义道路呕心沥血，鞠躬尽瘁，死而后已。如今，担当就是带领 14 亿多中国人民推动中国经济社会发展发生历史性变革、取得历史性成就，推动我国经济实力、科技实力、综合国力和人民生活水平跃上新的大台阶；就是一批攻坚克难、勇立潮头的党员干部为全面建设社会主义现代化国家挺膺担当，统揽全局，只争朝夕。

2. 伟大事业要求党员干部勇于担当

站在新的历史方位上，机遇与挑战并存，中华民族伟大复兴，绝不是轻轻松松、敲锣打鼓就能实现的。面对国内外复杂局势，广大党员干部必须以担当负责的实干精神，不懈奋斗、担当作为，直面时代挑战，勇于担当起历史和人民给予的伟大使命。

新征程上，党员干部要勇于担当主要体现在三个方面：一是政治担当。人无担当不立，党无担当不兴。我们党是中国特色社会主义事业的领导核心，党之所以坚强有力，关键在于全体党员对党忠诚。党的十九大报告中指出："要加强党性锻炼，不断提高政治觉悟和政治能力，把对党忠诚、为党分忧、为党尽职、为民造福作为根本政治担当，永葆共产党人政治本色。"新时代新征程上，广大党员干部要真正做到让党信得过、靠得住、能放心，必须淬炼铁一般的政治担当，以夙夜在公的责任感、积极担当作为的精气神，为党和人民履好职、尽好责，把党的事业不断推向前进。二是使命担当。为中国人民谋幸福，为中华民族谋复兴，是中国共产党人的初心和使命，是激励中国共产党人不断前进的根本动力。不惧风险挑战，强化履职尽责，践行使命担当，是每一名共产党员应尽的责任。在新时代中国特色社会主义的伟大实践中，党员干部要切实强化使命担当，坚定信仰信念，积极响应时代召唤，同全国人民一道，不懈奋斗、勠力前行，凝聚起同心共筑中国梦的磅礴伟力。三是责任担当。责任担当是党性觉悟的体现，彰显着理想和信念，决定着作为和贡献。党的干部不论资历深浅、职务高低、年龄大小，一旦走上了“岗位”，就意味责任在肩，要始终以饱满的工作热情和执着的事业追求干事创业，创造不负使命、不负人民的功绩。

空谈误国，实干兴邦。实现中华民族伟大复兴是一项光荣而艰巨的事业，需要一代又一代中国人共同为之努力。广大党员干部必须不畏难题，敢于担当。一是要真正敢于担当，就必须勇于斗争，奋力捍卫党和人民利益。在各种斗争中，个人利益乃至个人安危都可能受到威胁。二是要将斗争进行到底，就必须要有无畏的精神。面对大事难事永葆昂扬向上的精神状态，面对危机敢于挺身而出。三是要真正做到无畏，就要有不计个人得失的无私精神。无私才能无畏，无私才敢担当。在原则问题上、在大是大非面前，敢于坚持、敢于负责，不计较个人得失，以人民利益、全局利益、长远利益为先，面对矛盾敢于迎难而上，面对失误敢于承担责任。党员干部必须要有责任重于泰山的意识，坚持党的原则第一、党的事业第一、人民利益第一，敢于较真碰硬，对工作任劳任怨、尽心竭力、善始善终、善作善成。

（二）党员干部要敢为善为

2024 年 10 月，习近平总书记在福建考察时强调：“树立和践行造福人民的政绩观，不忘初心、担当作为、廉洁奉公，永葆共产党人的政治本色。”勇于担当、善于作为，是习近平总书记对党员干部反复提出的明确要求。担当和作为是一体的，不作为就是不担当，有作为就要有担当。勇于担当不是乱作为，而是要善作为，坚持知行合一、真抓实干。

1. 要敢干事

“苟利国家生死以，岂因祸福避趋之。”有担当，就有风险，党员干部要直面风险，敢于做事，决不能为了一己私利而患得患失、蝇营狗苟。习近平总书记多次强调：“为官避事平生耻。”干部就要有担当，有多大担当才能干多大事业，尽多大责任才会有多大成就。不能只想当官不想干事，只想揽权不想担责，只想出彩不想出力。有些领导干部喜欢推诿扯皮，担子拣轻的挑，认为“不做事就不会出事”。这不是他们能力有限，而是他们在其位不谋其职，不愿得罪人、不愿担责任，一心只惦记自己头上的“乌纱帽”。这绝不是一个共产党员应有的精神境界。

党员干部要自觉树立正确思想观念，明白为谁做事，做什么事。要明确一切工作都是为人民谋幸福，一切工作的出发点都是为人民，这样便能够摒弃杂念，发自内心地主动担当作为。党员干部勇于担当作为，就要从党和人民的根本利益出发，要对“国之大者”心中有数，铭记“全心全意为人民服务”的根本宗旨。心中始终装着人民，将人民的利益放在最高位置，始终同人民群众同呼吸、共命运、心连心，切实解决好人民群众最关心、最急切的利益问题，真正做到权为民所用、情为民所系、利为民所谋，以我将无我的大我境界，追求不负人民的历史担当。

实现中华民族伟大复兴是一个长期的历史进程，其过程不可能是一帆风顺的，途中必然会遇到各种困难。广大党员干部要牢固树立“为官一任、造福一方”理念，在其位当其政，争当实干家。在面对矛盾与困难时，党员干部要时刻牢记自己的“公仆”身份，勇于做“开路人”，直面困难、迎难而上、攻坚克难；在需要解决危机时，要时刻铭记自己所处的位置，要有责无旁贷、挺身而出、全力而为的气概，以“明知山有虎，偏向虎山行”的精神与魄力，不断攻克难题、奋勇前进。在工作实践中，面对难题勇于攀登，面对重担勇于挑战，面对大是大非敢于亮剑，面对矛盾敢于迎难而上，面对危机敢于挺身而出，面对歪风邪气敢于坚决斗争。务实功、出实招、求实效，坚决防止形式主义、官僚主义，坚决反对不作为、乱作为，以“功成不必在我”的精神境界和“功成必定有我”的历史担当干事创业，以钉钉子精神抓好落实，努力创造无愧于党、无愧于人民、无愧于时代的业绩。

2. 要善做事

党员干部善作善为要有过硬政治能力。领导干部作为党的中坚力量，政治能力在干好工作所需的各种能力中是排在第一位的。有了过硬的政治能力，才能做到自觉在思想上政治上行动上同党中央保持高度一致。政治能力就是把握方向、把握大势、把握全局的能力，以及辨别政治是非、保持政治定力、驾驭政治局面、防范政治风险的能力。广大党员干部，一要深入学习党的创新理论。特别是习近平新时代中国特色社会主义思想，要读原著、学原文、悟原理，学懂弄通、学深悟透，掌握贯穿其中的马克思主义立场观点方法；要常学常新、及时跟进，做到学思用贯通，知信行统一，不断提高自己的政治理论素养。二要站稳人民的立场，涵养大局意识。从大局出发想问题、作决策、办事情，善于从繁杂问题中把握事物的规律性、从苗头问题中发现事物的趋势性、从偶然问题中认识事物的必然性，善于驾驭复杂局面、凝聚社会力量、防范政治风险，切实担负好党和人民赋予的政治责任，真正成为政治上的明白人。三要加强党性锤炼。自觉锤炼忠诚干净担当的政治品格，保持思想纯正、信仰坚定，做政治上的明白人、老实人，一心为党为公，为党和人民的伟大事业贡献出应有的力量。

党员干部善作善为要不断增强学习能力。新时代新征程，领导干部要实现党的二十大确定的战略目标，锻造善为之能，迫切需要广大党员干部强化学习，通过学习理论、掌握理论，把理论内化于心、外化于行，持续强化理论武装，坚持好、运用好贯穿其中的立场观点方法，从而实现理论到实践的转变，练就过硬本领，努力创造经得起历史和人民检验的实绩。

要主动适应新时代新任务新要求，与时俱进加强学习，干什么学什么、缺什么补什么，积极学习经济、政治、法律等各方面的知识，学习同做好本职工作相关的新知识新技能，不断完善知识体系，提升素质本领。要坚持在干中学、学中干，全面提高贯彻新发展理念、构建新发展格局的能力水平，练就担当作为的硬脊梁、铁肩膀、真本事，在新的赶考路上交出优异成绩单。

党员干部善作善为要不断提升思维能力。就是要善于开拓创新，准确识变、科学应变、主动求变，打破旧的思维定式和条条框框，着力推进治理体系和治理能力现代化，推动质量变革、效率变革、动力变革，打开事业发展新天地。坚持用马克思主义中国化时代化最新成果武装全党、指导实践、推动工作，是我们党创造历史、成就辉煌的一条重要经验。奋进新征程，必须把习近平新时代中国特色社会主义思想的世界观、方法论和贯穿其中的立场观点方法转化为自己的科学思想方法，作为研究问题、解决问题的“总钥匙”，切实提高战略思维、辩证思维、系统思维、创新思维、历史思维、法治思维、底线思维能力，做到善于把握事物本质、把握发展规律、把握工作关键、把握政策尺度，增强工作科学性、预见性、主动性、创造性。

党员干部善作善为要不断增强实干本领。干事创业，既要政治过硬，又要本领高强。面对新形势新任务，国家治理对专业化、专门化、精细化要求越来越高。党员干部要成长必须经风雨、见世面，真刀真枪锤炼能力。领导干部善于作为，就是要善于学习研究，总结经验、把握规律，善始善终、善作善成，把日常工作做好，在平凡岗位上作出不平凡的业绩；就是要善于把方向、明是非、抓关键，靶向定位、精准施策，有效应对重大挑战、抵御重大风险、克服重大阻力、解决重大矛盾，牢牢掌握工作主动权。党员干部增强实干本领，一要练就群众工作本领。把树牢为民情怀、切实落实和践行以人民为中心的发展思想作为一切工作的出发点和落脚点，坚持党性和人民性相统一，放下自己这个“小我”，扛起人民这个“大我”，谋事想事、推动工作都要始终牢记全心全意为人民服务这个根本宗旨，努力把事情做实、把工作做好，让人民满意、让群众放心，用行动践行为人民服务的庄严承诺，用真情和实绩赢得群众的认可与信任。二要练就真抓实干本领。业绩都是干出来的，真干才能真出业绩、出真业绩。面对新形势新任务，党员干部要拿出踏石留印、抓铁有痕的气魄和勇气，务实功、出实招、求实效，善作善成，以绣花功夫把工作做扎实、做到位；要立足实际，讲实话、干实事、求实效，坚决杜绝空谈理论、照搬照抄、因循守旧等做法。三要练就勇于自我革命本领。党的二十届中央纪委三次全会从统筹“两个大局”的高度，深刻阐述了党的自我革命的重要思想，科学回答了关于党的自我革命的三个重大问题，明确提出推进自我革命“九个以”的实践要求。党员干部做到自我革命，要自觉锤炼自我革命的政治品格，永葆自我革命的斗争精神，练就自我革命的过硬本领；要敢于刀刃向内，勇于刮骨疗毒，主动向自己“动刀子”，经常察己之过，时时清除思想灰尘，不断克服不足、弥补缺陷，不断增强自我净化、自我修复能力；要时刻保持清醒头脑和高度警惕，守住拒腐防变防线，守住交往关、生活关、亲情关，慎初慎独慎微，始终保持对权力的敬畏感，严守党纪党规，严格自我管理。

二、既做显功，也做潜功

习近平总书记强调：“牢固树立正确政绩观，既要做让老百姓看得见、摸得着、得实惠的实事，也要做为后人作铺垫、打基础、利长远的好事，既要做显功，也要做潜功，不计较个人功名，追求人民群众的好口碑、历史沉淀之后真正的评价。”[①] 显功与潜功辩证统一，标注新时代共产党人干事创业的行动遵循。广大党员干部在做好一些容易出彩的“显功”的同时，

① 《习近平李克强王沪宁赵乐际韩正分别参加全国人大会议一些代表团审议》，《人民日报》2018 年 3 月 9 日。

也要以久久为功的精神多做一些“潜功”。

（一）善做显功

人民群众需要看得见、摸得着、得实惠的实事，实现梦想的道路上也要凸显坚实的标志性成果。通过做显功，见实绩，让群众了解党和政府正在做什么、将要做什么，使人民对事业发展更有信心，帮助党组织获得广大人民群众的支持和爱戴。

1. 显绩之“显”，是聚焦解决发展之“难”、群众之“急”

显绩是看得见、摸得着、感受得到的成绩。为官一任就要造福一方，就要让人民群众切实感受到政策带来的便利。新时代是建功立业的时代，也是展现新作为、新气象的时代，任何懒政怠政、不思进取、为官不为都与我们的时代要求格格不入；任何华而不实、虚无缥缈、急功近利的政绩都是我们逐梦路上的绊脚石。善做显绩，不是偷奸耍滑、不是花拳绣腿、不是表面文章，而是躬身力行、抓铁有痕。党员干部身处的位置、担负的名声就意味着责任，尽责就要尽心尽力干事，特别是对群众不满意的最迫切需要解决的问题，不能拖，必须马上办，而且要尽快见成效。让群众看得见、摸得着、得实惠的显功做得越多，人民群众就越满意，我们的事业发展就越快。

2. 做显功、出显绩，是善抓落实、务求实效的体现

显功不是花拳绣腿的虚功，不是眼花缭乱的数字游戏，更不是劳民伤财的“形象工程”“政绩工程”，而是经得起实践、人民、历史检验的实事、实绩。显功、显绩折射出雷厉风行、真抓实干的优良作风。实践是真理的依据，实干是成就事业的必由之路，也是“空谈误国，实干兴邦”的真谛。不管是显功，还是潜功，首先都是真功实功，一些领导干部看似“彬彬有礼”，实际上却是“不作为”。真正的显功是真心真情为国为民。一些党员干部所追求的“显功”，不是利国利民的实事，而是为了树立个人形象、达到个人目的，故意弄出的“大动静”，为的是自己的晋升与提拔。

在这样的动机驱使下，各种形式主义、投机取巧甚至弄虚作假就出现了，他们不在乎政策落地能否为人民带来便利，不在乎层层加码能否带来好的效果，不在乎盲目举债搞建设是否会造成沉重的债务包袱，他们在乎的仅仅是荧幕上、稿件中的一行行数字与赞美能为他带来的“美好未来”。这样的急功近利、弄虚作假，不是功，而是过；不是政绩，而是败笔。对这样的“显功”，我们必须高度警惕。

（二）肯做潜功

立竿见影的发展是政绩，打基础、作铺垫也是政绩。领导干部不但要善于做显功，还要肯于做潜功，做为后人作铺垫、打基础、利长远的好事。后人的工作是建立在前人基础上的，如果不去做铺路石，不甘于默默无闻奉献，后人的工作就没有支撑点，“显绩”就容易成为无本之木、无源之水。

1. 从百余年党史寻踪“潜功”

中国特色社会主义事业不能建立在沙滩上，中国梦必须有坚实的基础为依托。合抱之木，生于毫末；九层之台，起于累土。越是长久基业、长远大计，越要以功成不必在我的宽阔胸怀，克服急功近利、急于求成的心态，深入抓、具体抓、持续抓，如此方能积潜功为显功、化潜绩为显绩。对于抓“潜功”，共产党人早就有着深刻体会，并付诸行动。

伟大成就是一代代人在接力中完成的。从“铁肩担道义，妙手著文章”的李大钊到“砍头不要紧，只要主义真”的夏明翰，从“甘将热血沃中华”的赵一曼到“烈火中永生”的邱少云……回首来时路，一个名字便是一代人的缩影，无数革命先辈隐姓埋名，于黑暗中汇聚点点星光，托举起民族希望，怀揣着革命信念，舍生忘死。甚至，很多人的名字至今不为人知，或漫长或短暂的岁月里，他们与革命事业融于一体，九死而不悔，以“革命理想高于天”的潜功，谱写了中华民族伟大复兴的显绩。从瑞金沙洲坝的“红井清泉”到河南兰考的“焦桐成雨”，从福建东山的防护林到贵州草王坝的“大发渠”，一批又一批党员干部心系人民，奔赴荒野沙漠，在各自的岗位上不畏艰苦辛勤耕耘，以“小家”换“大家”，不计个人得失，用有限的生命为人民换取无限的未来，以“一枝一叶总关情”的潜功，书写永续发展的显绩。从波澜壮阔、锐意进取的改革开放到披荆斩棘、一往无前的脱贫攻坚，从十八大以来的“打虎”“拍蝇”“猎狐”到一体推进不敢腐、不能腐、不想腐……我们党始终顺应历史潮流，坚持为国家和人民的事业奋斗不息、躬耕不止，用持之以恒的潜功铸就了彪炳史册的显绩。

河北塞罕坝林场、重庆下庄绝壁天路、贵州团结村大发渠，“嫦娥”“北斗”“天和”等重大科技成果，皆是长期累积潜绩的结果。领导干部要明白无论显绩还是潜绩，政绩都是为民的。放到重要岗位上“淬火”与撒到基层“墩苗”，并没有本质区别，到哪里都是为人民服务。只要把有限的生命投入到无限的为人民服务中去，就无愧为共产党员、无悔于新时代。

2. 让潜功转化为真政绩

做潜功是寂寞的旅程，党员干部树立正确的政绩观，必须有习近平总书记倡导的“功成不必在我”的境界。没有这样的境界，没有“前人栽树，后人乘凉”的胸怀，没有对个人的名誉、地位、利益想得通、看得淡的豁达，是难以做好的。这是一种不计较个人名利的境界，更是一种将人民长远利益装在心里、摆在首位的为民情怀。党员干部既要立足现实、放眼未来，绘就蓝图；又要俯下身子、撸起袖子，真抓实干，应当懂得我们的权力既然是党和人民给的，就要完完全全用来为党和人民建功立业，而不能以会不会给自己带来好处为标准开展工作，不能在心里打个人的小算盘。

潜功转化为真政绩需要党员干部接续努力，脚踏实地。不谋万世者，不足以谋一时。党员干部抓任何工作，都要有一种久久为功、利在长远的历史耐心和恒心，有一种“计利当计天下利，求名应求万世名”的公心和雄心。党员干部只有始终把人民利益放在第一位，把实现好、维护好、发展好最广大人民根本利益作为一切工作的出发点和落脚点，一步一个脚印，才能创造出经得起实践、历史和人民检验的真政绩，赢得百姓的好口碑。

做潜功虽然一时不见主角，但却是利在千秋的大功，所谓“一时宠利有尽，千秋青史难欺”，看似不显山不露水默默无闻的潜功，经过一代代人的接续努力，终有一日会成为彪炳史册的功绩。习近平总书记曾用钉钉子来比喻干事业，他说：“钉钉子往往不是一锤子就能钉好的，而是要一锤一锤接着敲，直到把钉子钉实钉牢，钉牢一颗再钉下一颗，不断钉下去，必然大有成效。如果东一榔头西一棒子，结果很可能是一颗钉子都钉不上、钉不牢。做工作、干事业又何尝不是如此呢？”[①] 政贵有恒，经过科学论证的发展思路一旦确立，就应当从总体上保持政策的稳定性和工作的连续性。要把一张蓝图绘到底、一茬接着一茬干的工作思路贯彻下去。实践是不断发展的，党员干部的认识和工作也要与时俱进，但不能一换届就毫无依据地推翻前人工作，更不能为了作出所谓的政绩不经科学论证去另搞一套。

让潜功转化为真政绩离不开党员干部的自我修养，同样也离不开组织上的引导。选人用人时要考察识别党员干部的政绩，把握好“为谁创造政绩、树什么样的政绩、怎么样树政绩”的问题。既看干部“干了什么”，又看干部“干成了什么”，以事考人、知事见人，看当年也看往年，看绝对水平也看动态变化，全面掌握干部的品质和推动工作的成效，为稳扎稳打、潜心做事的党员干部，提供清朗向上的良好氛围。教育广大党员干部杜绝哗众取宠的“虚绩”，多做脚踏实地的“显绩”，追求泽被后人的“潜绩”，引导党员干部树立正确政绩观，做到为官一任、造福一方。

三、力戒形式主义、官僚主义

习近平总书记在关于《中共中央关于进一步全面深化改革、推进中国式现代化的决定》的说明中强调：“健全防治形式主义、官僚主义制度机制，健全不正之风和腐败问题同查同治机制，丰富防治新型腐败和隐性腐

① 《习近平总书记系列重要讲话读本》，人民出版社、学习出版社 2016 年版，第 292 页。

败的有效办法。”《中国共产党纪律处分条例》第132条指出，工作中存在形式主义、官僚主义行为，造成严重损害或者严重不良影响的，对直接责任者和领导责任者，给予警告或者严重警告处分；情节较重的，给予撤销党内职务或者留党察看处分；情节严重的，给予开除党籍处分。力戒形式主义、官僚主义，贯彻党的群众路线，夯实党的政治根基，是加强党的政治建设的重要任务。在新时代的征程上，力戒形式主义、官僚主义，真正做到扑下身子干实事、谋实招、求实效，是每一位党员干部必须践行的使命与责任。这不仅关乎党的形象与威信，更直接影响到国家的发展、人民的福祉。

（一）从百余年党史中寻找经验

在百余年奋斗征程中，我们党始终把坚决反对和克服形式主义、官僚主义作为重要任务，采取了一系列有力措施，不断推进党风廉政建设和反腐败斗争，以确保党的先进性和纯洁性。新时代党员干部树立正确权力观、政绩观、事业观，需要从中总结经验、汲取智慧，为当前和今后工作中更好戒除形式主义、官僚主义积累实践经验。

1. 学懂重要讲话精神

在我们党的历史上，形式主义、官僚主义始终是必须克服的顽疾。党的历代领导人对防止和克服形式主义、官僚主义都曾有十分经典的论述。

早在革命战争年代，毛泽东就写下诸多鸿篇巨制，从世界观方法论层面，严厉批评形式主义是一种“幼稚的、低级的、庸俗的、不用脑筋”的东西，是官僚主义的主要表现形式之一，并一针见血地指出“形式主义害死人”，号召全党必须“揭破它”。1930年，毛泽东在《反对本本主义》里指出：“为什么党的策略路线总是不能深入群众，就是这种形式主义在那里作怪。”1933年，他又在《必须注意经济工作》的报告中说：“要把官僚主义方式这个极坏的家伙抛到粪缸里去，因为没有一个同志喜欢它。”邓小平反对形式主义、官僚主义思想，是邓小平理论的有机组成部分。它植根于实践沃土，经历了革命战争年代起步探索、新中国成立后系统发展、改革开放后成熟完善的过程。邓小平指出：“官僚主义现象是我们党和国家政治生活中广泛存在的一个大问题。”[①]“在干部中要进行整风，反对官僚主义和命令主义。哪怕是辛辛苦苦的官僚主义也好，哪怕是艰苦奋斗的命令主义也好，都在反对之列。”[②]“我们必须向这些脱离群众的、官僚主义的现象进行经常的斗争。而且我们必须看到，官僚主义是过去人类历史上长时期剥削阶级统治的遗留物，在社会政治生活中有深远的影响。因此，贯彻群众路线，克服官僚主义，也必须是一个长时期的斗争。”[③]在南方谈话中，邓小平仍然尖锐批评：“现在有一个问题，就是形式主义多。电视一打开，尽是会议。会议多，文章太长，讲话也太长，而且内容重复，新的语言并不很多。重复的话要讲，但要精简。”[④]江泽民强调指出：“当前，影响党的群众路线贯彻落实的最突出问题，就是形式主义和官僚主义。”[⑤]“形式主义作风和官僚主义作风，是我们党的一大祸害。全党上下，全国上下，必须狠煞形式主义、官僚主义的歪风。”[⑥]胡锦涛针对党内官僚主义的陋习指出：“这些不良风气如不坚决刹住，势必严重削弱党员、干部队伍战斗力，势必损害党同人民群众的血肉联系，最终势必妨碍全面建设小康社会宏伟目标顺利实现。”[⑦]并要求广大党员干部“脚踏实地，埋头苦干，讲实效，办实事，坚决反对形式主义和官僚主义”[⑧]。

新时代以来，以习近平同志为核心的党中央高度重视作风建设，对于形式主义、官僚主义等问题深恶痛绝，并在多个重要场合发表过坚决反对

① 《邓小平文选》第2卷，人民出版社1994年版，第327页。
② 《邓小平文选》第1卷，人民出版社1994年版，第149页。
③ 《邓小平文选》第1卷，人民出版社1994年版，第223页。
④ 《邓小平文选》第3卷，人民出版社1993年版，第381页。
⑤ 江泽民：《论党的建设》，中央文献出版社2001年版，第533页。
⑥ 江泽民：《论“三个代表”》，中央文献出版社2001年版，第77—78页。
⑦ 《胡锦涛文选》第2卷，人民出版社2016年版，第155页。
⑧ 《胡锦涛文选》第2卷，人民出版社2016年版，第10页。

形式主义、官僚主义的讲话。2013 年，在党的群众路线教育实践活动工作会议上的讲话中，习近平总书记指出，“反对形式主义，要着重解决工作不实的问题”，“反对官僚主义，要着重解决在人民群众利益上不维护、不作为的问题”。2017 年，习近平总书记在十九届中央政治局民主生活会上的讲话中强调：“形式主义、官僚主义同我们党的性质宗旨和优良作风格格不入，是我们党的大敌、人民的大敌。”2020 年，习近平总书记在山西考察时强调：“一体推进不敢腐、不能腐、不想腐，增强基层党组织政治功能和组织力，坚决反对形式主义、官僚主义，旗帜鲜明同各种不正之风作斗争。”2023 年，习近平总书记在中共中央政治局召开的专题民主生活会上指出：“干部群众反映强烈的形式主义、官僚主义具有顽固性、反复性，需要持续用力、协同发力、坚决纠治，从领导机关抓起、领导干部改起，中央政治局的同志要带头抓、带头改。”2024 年，习近平总书记在党外人士座谈会上的讲话中指出：“坚决防止和克服形式主义，切忌搞徒有其表的形象工程、劳民伤财的政绩工程。”

党中央深刻分析形式主义、官僚主义的成因，提出克服形式主义、官僚主义的治本之策。广大党员干部认真学习领会历任领导人关于反对形式主义、官僚主义的论述，深刻领会贯穿其中的自我革命意识，对于加强党性修养、培植正确政绩观大有裨益。

2. 汲取实践经验

建党以来，党中央多次举行集中教育，从革命年代的整风运动到如今的树立和践行正确政绩观学习教育，无论学习的主题是什么，其中必定有一个关于作风建设的课题。百余年党史告诉我们：反对形式主义、官僚主义不是一朝一夕的事。也正因如此，我们党对形式主义、官僚主义等不良作风从未放松过警惕。回顾百余年历程，我们可以从中汲取以下几个方面的经验。

第一，反对形式主义、官僚主义必须打持久战，坚持“长”“常”结合。作风问题具有反复性、顽固性，反对形式主义、官僚主义不可能一蹴而就，党员干部要做好长期斗争的思想准备，保持“咬定青山不放松”的定力，紧盯形式主义、官僚主义的新动向新表现，以钉钉子精神持续深入推进，久久为功。同时，要经常自我反省、自我检查，通过经常性、常态化的监督，强化作风建设，防止出现形式主义、官僚主义问题。

第二，以党的政治建设为统领，坚决破除形式主义、官僚主义。形式主义、官僚主义本质上是政治问题。把坚决破除形式主义、官僚主义提高到党的政治建设的高度，既体现了党中央整治形式主义、官僚主义的鲜明态度、坚定决心，又是作风建设的再部署、再深化。这就要求广大党员干部必须进一步提高政治站位，加强理论学习，充分认识到在整治形式主义、官僚主义工作中肩负的政治使命与历史担当，进一步增强责任感、使命感和主动性、自觉性，认真履职尽责，牢固树立正确政绩观，深入推进作风建设。

第三，坚持制度建设和思想教育相结合。形式主义、官僚主义虽然表现为作风问题，但究其根源还是思想问题，放任其发展，党员干部的信仰就会产生动摇。严格的制度是党员干部正确行使职权的保障，必须重视制度建设工作，不断强化对权力运行的制约和监督，把权力关进制度的笼子。党史上一次次的制度完善、一次次的集中教育告诉我们：破除形式主义、官僚主义，既需要来自制度的外部约束，也需要来自思想教育的自我约束。内外协同才能更好地引导党员干部坚定理想信念，始终坚持以人民为中心的根本立场，恪守全心全意为人民服务的宗旨，为民用权、依法用权，不断消除形式主义、官僚主义滋生的土壤。

第四，坚持问题导向，靶向施治。坚持问题导向，是马克思主义的重要品质。在整治形式主义、官僚主义过程中，我们也要将问题导向作为突破口和切入点深挖问题根源、找准问题症结，做到精准纠治、增强实效。对于权力观错位、政绩观缺失的党员干部，要深入分析，引以为戒。问题在哪里，基层最了解、群众最明白，党员干部要多深入基层了解情况，找准问题、找实问题、深挖根源、精准施策，在发现问题、分析问题、解决问题中整治形式主义、官僚主义，不断改进作风。

（二）新时代干事创业要力戒形式主义、官僚主义

形式主义、官僚主义是顽瘴痼疾，容易死灰复燃，党员干部要时刻警惕、戒除。2024 年 1 月，习近平总书记在二十届中央纪委三次全会上发表重要讲话指出：“2023 年是全面贯彻党的二十大精神的开局之年。党中央坚定不移推进党的自我革命，在全党深入开展学习贯彻新时代中国特色社会主义思想主题教育，坚持不懈用党的创新理论凝心铸魂，着力推进政治监督具体化、精准化、常态化，着力整治形式主义、官僚主义突出问题，坚决清除党员、干部队伍中的害群之马，从严从实加强对党员、干部的管理监督，推动全面从严治党向纵深发展，推动党的二十大决策部署不折不扣贯彻落实，有力引领保障新征程开局起步。”2024 年 2 月，中央政治局委员、书记处书记、全国人大常委会、国务院、全国政协党组成员、最高人民法院、最高人民检察院党组书记向党中央和习近平总书记述职，习近平总书记认真审阅述职报告提出重要要求，强调要树牢造福人民的政绩观，带头走好新时代党的群众路线，纠治形式主义、官僚主义顽瘴痼疾，切实为基层减负，以作风转变促工作落实。2024 年 7 月，习近平总书记在党的二十届三中全会第二次全体会议上强调，要结合学习宣传贯彻全会精神，抓好党的创新理论武装，健全全面从严治党体系，切实改进作风，克服形式主义、官僚主义顽疾，深入推进党风廉政建设和反腐败斗争，巩固拓展主题教育成果，深化党纪学习教育，不断增强党的创造力、凝聚力、战斗力。

进入新时代，以习近平同志为核心的党中央以踏石留印、抓铁有痕的精神，持续深化“四风”整治，党风政风明显改善；以前所未有的勇气和定力推进全面从严治党，开辟了百年大党自我革命的新境界，探索出依靠党的自我革命跳出历史周期率的成功路径。彰显了党中央持之以恒全面从严治党，推进党风廉政建设和反腐败斗争的坚强决心。中国特色社会主义事业大踏步迈进新征程，对党员干部力戒形式主义、官僚主义提出了更高

的希望和要求。全体党员干部务必树立正确权力观、政绩观、事业观，以自我革命的精神，在内心深处铲除滋生形式主义、官僚主义的私心杂念，修好“心学”，陶冶忠诚品格，锤炼坚强党性，砥砺奋斗精神，以高度的政治责任感、历史使命感将党的伟大事业推向前进。

1. 力戒形式主义，树立正确的政绩观

以习近平同志为核心的党中央始终高度重视整治形式主义，将其作为党的作风建设的重要内容。长久以来基层的形式主义使基层干部在处理领导认可和群众认可的两头工作中被捆住手脚。党的十九大以来，在习近平总书记亲自部署推动下，建立中央层面整治形式主义为基层减负专项工作机制，采取一系列有力措施，取得了明显成效。然而，形式主义、官僚主义之弊非一日之寒，从根子上减轻基层负担也非一日之功，要常抓不懈、久久为功。2024 年 8 月，中共中央办公厅、国务院办公厅印发《整治形式主义为基层减负若干规定》，为深化拓展整治形式主义为基层减负的实际行动和成效提供坚强保证。

形式主义是违反党的政治纪律的行为，反对形式主义就是坚定党的政治根基。形式主义主要表现在忙于迎来送往，觥筹交错；或文山海会，贪图虚名，不干实事；或欺上瞒下，弄虚作假，瞒报浮夸。严重损害党与政府的形象，这将会导致更严重的腐败、贪污与受贿的现象产生，如果对其不加以制止，将会大大动摇党执政的群众基础，我们党的建设工作也会受到挫折。形式主义、官僚主义问题不是简单的工作作风问题，而是关系党的生死存亡的大问题。新征程上，党员干部要从讲政治的高度，认清形式主义、官僚主义的危害，要切实提高政治站位，树牢“四个意识”，把反对形式主义、官僚主义作为重要政治纪律、政治规矩来对待，不折不扣贯彻落实习近平总书记重要指示批示精神和党中央决策部署，以实际行动坚决做到“两个维护”。

要坚持对上负责和对下负责相一致，用心用力克服形式主义、官僚主义。形式主义、官僚主义的一个明显特点是不能正确对待对上负责与对下

负责的关系，有的党员干部，只看上级的脸不看百姓的脸，不结合具体情况盲目搞迎合；有的把“留痕迹”当作“创实绩”，人在心不在，出工不出力……真正的对上负责就是要办好对下的事情。作为一名党员，对党忠诚绝不能有二心，为民服务绝不能有私心，要立足本职工作，尽可能为老百姓办实事办好事，解决百姓烦心事揪心事苦恼事；作为一个领导，要做好表率，鼓励基层干部说实话、报实情，用听真话、察实情的作风，回应基层干部对上级领导“喜欢报喜不报忧”的误读。党组织必须加强对党员干部的正确政绩观教育，使他们牢记人民利益高于一切，把对上负责和对下负责统一起来，真正做到对上负责和对下负责高度一致，如此，才能让形式主义、官僚主义无处藏身。

2. 力戒官僚主义，践行党的群众路线

坚定不移破除官僚主义，要密切联系群众。官僚主义是为群众办事端架子、拉脸子、耍特权、抖威风的违反群众纪律行为，主要表现是脱离实际、脱离群众，高高在上、漠视现实，唯我独尊、自我膨胀，其实质是封建残余思想作祟，根源是官本位思想严重、权力观扭曲，做官当老爷。官僚主义一旦沾身，就会通过各种途径蔓延，直到腐蚀整个组织的肌体。反对官僚主义就是反对脱离群众，高高在上，反对不从群众的角度想问题、办事情的思想认识，反对脱离实际的工作方法。

有些领导干部在处理党群、干群关系时想群众的利益少，想个人和部门的利益多，严重背离了以人民为中心的发展思想。因而，要破除官僚主义，党员干部需要从以下几个方面践行党的群众路线。一是以“真心真情”破解“敷衍塞责”。党员干部干事创业要用“真情实感”问需于民、问计于民，带着真感情与群众拉家常、问冷暖、话发展，真正把情况摸清、把问题找准、把对策提实。二是以多方监督破解“陋习萌生”。加强自我监督，“一日三省吾身”，将形式主义、官僚主义陋习扼杀于萌芽。强化日常监督，坚持抓早抓小，加强对集中整治工作过程的监督，把权力关进制度的笼子里。充分发挥人民群众的监督举报作用，进一步拓宽形式主义、官

僚主义问题的监督举报渠道。三是以“扑下身子”破解“高高在上”。形式主义、官僚主义的一个表现就是“高高在上”，党员干部要摒弃这种不良作风就要“扑下身子”深入群众，到基层一线去真抓实干，做到有利于群众的事就认真地干、仔细地干、坚决地干，扎扎实实把工作做到位、干出彩。

第八章

心中有戒，

遵纪守法正“三观”

心中有戒，是党员干部的基本素养。只有时刻保持对党纪国法的敬畏之心，明确行为的边界，不逾矩、不妄为，遵纪守法，才能塑造正确的权力观、政绩观、事业观。遵纪守法也是党员的基本义务，党员必须自觉遵守党的纪律和国家的法律法规，这是对党员的基本要求。心中的戒如同高悬的明镜，时刻映照出自身的言行，提醒自己保持公道正派、清正廉洁。党员干部只有时刻牢记心中之戒，严格遵守党纪国法；牢记权力是人民赋予的，只能用来为人民服务，不断端正权力观、政绩观、事业观，才能在新时代新征程中不忘初心，砥砺前行，为实现中华民族伟大复兴贡献自己的力量。

一、严守党的纪律规矩

严守党的纪律规矩，是中国共产党人鲜明的政治本色，是维护党的先进性和纯洁性的重要保障，是党员干部必须坚守的基本准则，也是党员干部树立和践行正确权力观、政绩观、事业观的基本要求。2024 年 4 月至 7 月在全党开展的党纪学习教育，正是为了引导党员干部学纪、知纪、明纪、守纪，督促领导干部树立正确权力观，公正用权、依法用权、为民用权、廉洁用权[①]。党的纪律规矩确保了全党在思想上、政治上、行动上的高度一致，使党能够凝聚起强大的力量。没有严格的纪律规矩，党就会成为一盘散沙，失去战斗力和凝聚力。党员干部要严格遵守党的政治纪律、组织纪律、廉洁纪律、群众纪律、工作纪律和生活纪律，做到知敬畏、存戒惧、守底线。

1. 党的纪律规矩是党的组织和党员必须遵守的行为规范

党的纪律规矩是党的组织和党员必须遵守的行为规范。纪律以规章和条文等形式表现，是成文的规矩；规矩是党在实践中约定俗成、行之有效

---

① 《习近平在湖南考察时强调 坚持改革创新求真务实 奋力谱写中国式现代化湖南篇章》,《人民日报》2024 年 3 月 22 日。

的优良传统和惯例，是不成文的纪律。规矩就是纪律，纪律也是规矩，二者都对党的组织和党员具有普遍约束力。党的纪律规矩涵盖了诸多方面，从政治纪律、组织纪律、廉洁纪律、群众纪律、工作纪律到生活纪律，形成了一套全面且系统的规范体系。

第一，政治纪律。政治纪律是各级党组织和全体党员在政治立场、政治方向、政治言论、政治行为等方面必须遵守的刚性约束。在所有纪律中，政治纪律是党纪的核心，是最重要、最根本、最关键的纪律，对其他纪律具有统领性。严明党的政治纪律，是维护党团结统一的根本保证。遵守党的政治纪律是遵守党全部纪律的重要基础。各级党组织和全体党员务必把严守政治纪律和政治规矩放在首位，增强政治敏锐性和政治鉴别力，自觉维护党中央权威和集中统一领导。

第二，组织纪律。组织纪律是规范和处理党的各级组织之间、党组织与党员之间以及党员与党员之间关系的行为规则，是维护党的集中统一、保持党的战斗力的基本条件。一个人一旦入了党，就要有强烈的组织意识和组织观念，就必须严格遵守组织纪律。民主集中制是党的组织纪律的核心原则。党员要严格遵守“四个服从”，即党员个人服从党的组织，少数服从多数，下级组织服从上级组织，全党各个组织和全体党员服从党的全国代表大会和中央委员会，这不但是党最基本的组织原则，也是最基本的纪律。每个党员都必须严格按组织原则和组织程序办事，自觉接受组织安排和纪律约束。

第三，廉洁纪律。廉洁纪律是党组织和党员在从事公务活动或者其他与行使职权有关的活动中应当遵守的廉洁用权的行为规则，是实现干部清正、政府清廉、政治清明的重要保障。严明党的廉洁纪律，就是要遏制腐败蔓延势头。每个党员都必须时刻清楚这一点，筑牢拒腐防变的思想防线，严禁权权交易、权钱交易和权色交易，不超标准、超范围接待，不收受礼品、礼金、消费卡（券）和有价证券、股权、其他金融产品等，不得以讲课费、课题费、咨询费等名义变相送礼等。党员干部从政，不仅自身要干净，还要管好身边的人。廉洁纪律从各个方面杜绝党员干部陷入贪腐陷阱，树立清正廉洁的形象。

第四，群众纪律。群众纪律是党的各级组织和全体党员坚持以人民为中心的发展理念和处理党群关系时必须遵守的行为规范，是党的先进性的重要体现。遵守党的群众纪律，就是要坚守人民立场，增强群众感情，提高群众工作本领，不得损害群众利益，不搞特殊化，对待群众不得有消极应付、推诿扯皮、态度恶劣等行为，始终保持党同人民群众的血肉联系。群众纪律要求党员干部全心全意为人民服务，检验一个党员干部是不是脱离了群众、忘记了初心，很重要一点就是看他能不能做到严守群众纪律。

第五，工作纪律。工作纪律是党的各级组织和全体党员在党的各项具体工作中必须遵守的行为规则，是党的各项工作正常开展的重要保证，其本质要求是履职尽责，担当作为。党的工作内容丰富，包括宣传工作、教育工作、组织工作、纪律检查工作、群众工作等。要保证党的各项工作顺利进行，离不开严明的工作纪律。严明党的工作纪律，要引导党员干部敢于斗争、勇于负责，坚决纠治形式主义、官僚主义，促进党员干部履职尽责、规范用权，推动精准问责，加大对违规干预和插手行为的规制力度。

第六，生活纪律。生活纪律是党员在日常生活和社会交往中应当遵守的行为规则，涉及个人品德、家庭美德、社会公德等各个方面，直接关系党的形象。所以，每一位党员都要严明党的生活纪律，自觉培养高尚道德情操，坚决抵制生活奢靡、铺张浪费、贪图享乐、追求低级趣味以及违背家庭伦理和社会公序良俗等行为，在生活上做好表率。同时，党员干部的社交圈在一定程度上反映其作风和品德，健康、纯净的社交活动有助于党员干部保持清正廉洁的生活作风，也有利于营造风清气正的社会环境。生活纪律所规范的行为，具有一定的私人性和隐秘性，而且相关违纪违规行为一旦发生，极易在新媒体条件下被放大，产生非常恶劣的影响，所以党员干部一定要自觉严守生活纪律，做到人前人后一个样、台前台后一个样、八小时内外一个样，涵养道德情操，保持高尚品格，做到以德修身、以德立威、以德服众，守好共产党人的精神家园。

2. 党的纪律具有统一性、科学性和强制性

因为规矩是不成文的，所以这里主要讲党的纪律的特性。在党的建设和发展历程中，党的纪律展现出统一性、科学性、强制性这三个方面的特性，统一性是凝聚全党力量的基石，科学性是指导纪律实践的智慧之光，强制性则是维护纪律权威的有力武器。

统一性。党的纪律对所有党员和党组织都具有同等的约束力，不存在特殊党员或特殊组织可以凌驾于纪律之上的情况。无论是党的高级领导干部还是基层普通党员，无论是党的中央组织还是地方基层党组织，都必须严格遵守党的纪律。这种统一性体现了纪律面前人人平等的原则，维护了党的纪律的严肃性和公正性。同时，各级党组织所作出的规定，都必须以贯彻执行党中央制定的法规为依据，并与党章相一致。

科学性。首先是符合党的发展规律。党的纪律是在党长期的革命、建设和改革实践中逐步形成和发展起来的，它反映了党在不同历史时期的使命和任务，符合党的建设和发展的内在规律。其次是依据科学理论制定。党的纪律建立在马克思列宁主义、毛泽东思想、邓小平理论、“三个代表”重要思想、科学发展观、习近平新时代中国特色社会主义思想等科学理论的基础之上，是遵循辩证唯物论，严格按一定的民主程序，经广泛征求党员意见并经党的会议充分讨论产生的。最后是与时俱进，不断完善。党的纪律不是一成不变的，而是随着时代的发展、实践的深入和理论的创新不断调整和完善。当今时代，面对国际国内形势的深刻变化，如全球化、信息化、多元化等趋势，党及时修订和补充纪律内容，以应对新出现的挑战和问题。

强制性。党的纪律以党规党纪的形式明确规定了党员和党组织哪些行为是被禁止的，哪些行为是必须履行的义务。这些规定具有明确性和严肃性，不是可有可无的建议，而是必须严格遵守的准则。一旦党员或党组织违反了党的纪律，就必然会受到相应的纪律处分。例如，党的政治纪律要求党员不得发表反对党的路线方针政策的言论，这是一条明确的“红线”，

任何党员都不能触碰。

3. 党的纪律规矩作用不可替代

在历史的长河中，中国共产党从诞生到发展壮大，纪律规矩始终如影随形，发挥着不可替代的关键作用。

确保决策统一高效执行。党的纪律规矩要求全体党员服从党中央的统一领导。在当今复杂多变的国内外形势下，党需要迅速、准确地作出决策并高效执行。只有党员严守纪律规矩，才能保证党中央的决策部署如臂使指般地在各级党组织和全体党员中得到贯彻落实。例如，在国家重大战略实施过程中，如果没有严格的纪律保障，各级党员干部各自为政，决策就无法落地生根。纪律规矩确保每一个环节、每一个地区的党员干部都能按照统一的规划和要求行动，集中力量办大事，从而充分发挥党总揽全局、协调各方的领导核心作用。

维护党中央权威和集中统一领导。严守纪律规矩是维护党中央权威的必然要求。党中央作为党的大脑和指挥中心，其权威不容置疑和挑战。党员干部严格遵守政治纪律，坚定政治立场，不发表与党中央相悖的言论，不做损害党中央形象的事情。在面对重大政治问题时，能够坚决同党中央保持高度一致，做到令行禁止。这使得党能够形成一个坚强有力的领导核心，带领全党全国各族人民在实现中华民族伟大复兴的道路上奋勇前行。

抵御不良思想侵蚀。在市场经济和全球化浪潮的冲击下，各种思潮和诱惑层出不穷。党的纪律规矩为党员干部构筑了一道坚固的思想防线。通过纪律约束，党员干部能够时刻保持清醒的头脑，自觉抵制拜金主义、享乐主义、极端个人主义等不良思想的侵蚀。例如，廉洁纪律能够防止党员干部陷入权力寻租和贪污腐败的泥潭，保持清正廉洁的政治本色；生活纪律规范党员在日常生活中的行为举止，倡导健康向上的生活方式，避免党员被低俗、腐朽的生活方式所腐蚀，从而确保党在思想上的先进性和纯洁性。

筛选净化党员队伍。严格的纪律规矩如同一个筛子，能够筛选出合格的党员，淘汰那些不符合要求的分子。对于违反纪律规矩的党员，按照相关规定进行严肃处理，起到警示和教育作用。这不仅纯洁了党员队伍，也促使广大党员时刻警醒自己，以更高的标准严格要求自己，不断提升自身素质。在发展党员过程中，纪律规矩也确保了吸收的新党员具有较高的政治觉悟和道德品质，为党注入新鲜健康的血液，保持党的生机与活力。

保障群众利益实现。党的纪律规矩要求党员干部全心全意为人民服务，不得损害群众利益。党员干部在工作中严格遵循群众纪律，认真倾听群众呼声，切实解决群众关心的热点难点问题。无论是在教育、医疗、住房等民生领域，还是在基层治理、社会稳定等方面，严守纪律规矩能够确保各项政策真正惠及群众，使群众的利益得到切实保障。

树立良好形象密切党群关系。党员严守纪律规矩，以良好的作风和形象出现在群众面前，能够赢得群众的信任和尊重。当群众看到党员干部以身作则、廉洁奉公、公平公正地处理事务时，就会更加认同党的领导。这种信任和认同进一步密切了党群关系，使党能够深深扎根于人民群众之中，获得源源不断的力量支持。反之，如果党员干部违反纪律规矩，以权谋私、作风不良，就会严重损害党在群众心中的形象，削弱党与群众的血肉联系，危及党的执政基础。

4. 当前部分党员干部在遵守党的纪律规矩方面存在的问题

在党的建设进程中，纪律规矩是党的生命线，关乎党的兴衰成败与国家的长治久安。然而，当前部分党员干部在遵守党的纪律规矩方面出现了一些不容忽视的问题。

违反政治纪律和政治规矩呈现新特点。有的党员领导干部把“两个维护”实功虚做。“七个有之”和“四风”问题交织勾连、深度结合，吃喝玩乐与结伙营私、互通款曲、权钱交易如影随形。有的专门建群组织牌局、饭局、球局，在推杯换盏、打牌娱乐中交流“感情”、勾兑利益。政绩观偏差导致产生风险隐患，一些党员领导干部政绩观不正，没有坚持以人民为中心，侵害群众切身利益，制造政治、经济和社会风险；有的干部贪功求名，违规举债，搞劳民伤财的“政绩工程”；有的通过美化数据打造假象。有的地方政商勾连破坏政治生态和发展环境问题比较突出。

违反组织纪律问题反复、顽固。“圈子文化”“码头文化”依然在一定程度存在。有的党员干部依旧喜欢拉帮结派。有的干部家人、身边工作人员和特定关系人等干预插手人事事项仍然存在，有的领导干部明知身边人打着自己旗号插手人事谋取利益，却纵容默许，甚至亲自上阵“帮忙”。“政治骗子”仍有市场，有些领导干部为了得到提拔重用，被所谓“有来头”“有门路”的“政治骗子”利用。

党的纪律规矩刻印不深。党章意识、纪律意识、规矩意识仍未真正树牢。有的党员干部对党章党规党纪不学习、不了解、不上心，因此缺乏敬畏，不知收手。有些年轻干部缺乏党内政治生活历练、定力不足，面对诱惑时容易破纪违法；有的年轻干部进步快，但理论学习、党性修养没有跟上，纪律规矩意识不强，无知无畏、胆大妄为[①]。

5. 以有效行动推进党的纪律建设

新征程上，严守党的纪律规矩是确保党始终成为中国特色社会主义事业坚强领导核心的关键所在。面对复杂多变的国内外形势和各种风险挑战，党员干部必须以有效行动推进党的纪律建设，树立和践行正确权力观、政绩观、事业观。

第一，加强教育引导，筑牢思想防线。坚持以习近平新时代中国特色社会主义思想为指导，聚焦解决一些党员干部对党规党纪不上心、不了解、不掌握等问题，组织党员干部认真学习党的纪律规矩，做到学纪、知纪、明纪、守纪，搞清楚党的纪律规矩是什么，弄明白能干什么、不能干什么，把遵规守纪内化于心，进一步强化纪律意识、加强自我约束、提高免疫能力，增强政治定力、纪律定力、道德定力、抵腐定力，始终做到忠诚干净担当。注重融入日常、抓在经常。紧扣党的政治纪律、组织纪律、廉洁纪

① 中央纪委国家监委专项课题调研组：《坚定不移推进全面从严治党 全面加强党的纪律建设》，《中国纪检监察报》2024 年 6 月 27 日。

律、群众纪律、工作纪律、生活纪律，推动党的纪律规矩入脑入心。加强警示教育，深刻剖析违纪典型案例，注重用身边事教育身边人，让党员干部受警醒、明底线、知敬畏。加强解读和培训，深化党的纪律规矩理解运用。抓住学习重点，在学习贯彻党的纪律规矩上下功夫见成效。坚持逐章逐条学、联系实际学，抓好以案促学、以训助学，教育引导党员干部准确掌握党的纪律规矩的主旨要义和规定要求，进一步明确日常言行的衡量标尺，用党的纪律规矩校正思想和行动，真正使学习党的纪律规矩的过程成为增强纪律意识、提高党性修养的过程。

第二，完善监督机制，织密监督网络。充分发挥党内监督的主导作用。加强上级党组织对下级党组织的监督，定期开展巡视巡察、专项检查等，及时发现和纠正纪律问题。完善纪检监察机关的监督职能，提高监督执纪能力，加大对违纪行为的查处力度。建立健全党内监督制度体系，如民主生活会制度、述职述廉制度、个人重大事项报告制度等，规范党员干部的行为。加强对党员干部“八小时之外”的监督，将监督触角延伸到生活领域，防止出现监督空白。积极引导群众参与监督。建立畅通的群众监督渠道，如设立举报电话、邮箱、网络举报平台等，方便群众对党员干部的违纪行为进行举报。加强对群众监督举报的受理和反馈，及时处理群众反映的问题，并将处理结果向社会公开，保护群众的监督积极性。发挥媒体监督作用，利用报纸、电视、网络等媒体对党员干部的违纪问题进行曝光，形成舆论压力。同时，加强舆论引导，营造良好的监督氛围。

第三，强化制度建设，规范纪律执行。完善党的纪律相关制度规范，细化纪律条款，使其更具可操作性。例如，对于廉洁纪律，明确规定党员干部在不同情境下的行为准则，如礼品收受的界限、公务接待的标准等。强化纪律制度的衔接配套，使各项纪律制度相互协调、相互支撑。如在干部选拔任用制度中，明确将纪律考核作为重要内容，与廉洁纪律、组织纪律等相关制度紧密结合，形成完整的干部管理纪律制度链，确保干部选拔任用过程中的纪律要求得到有效落实，从制度源头防范违纪行为的发生。

针对新出现的问题和风险点，及时修订完善纪律条款，确保纪律制度与时俱进。针对容易出现纪律问题的关键领域和环节，如干部选拔任用、项目审批、资金使用等，制定专门的监督管理办法，从制度层面堵塞可能产生违纪行为的漏洞，确保纪律执行的规范性和严肃性。

第四，严肃执纪问责，彰显纪律刚性。对于违反纪律规矩的党员干部，要依据相关法规严肃处理，绝不姑息迁就。在纪律审查过程中，坚持以事实为依据，以纪律为准绳，做到不枉不纵。对于轻微违纪行为，及时进行批评教育、诫勉谈话等，防止小问题演变成大错误。对于严重违纪违法问题，要坚决立案查处，依法追究责任。同时，建立纪律处分执行情况跟踪检查机制，确保纪律处分决定得到严格执行。强化责任追究，对落实纪律规矩不力的党组织和领导干部进行问责。明确问责主体、问责对象、问责情形和问责方式，使问责工作有章可循。建立健全问责典型案例通报制度，定期对问责情况进行通报，发挥警示作用。加强对问责工作的监督检查，防止出现问责不力或问责泛化、简单化等问题。通过严肃执纪问责，形成强大的纪律震慑力，促使党员干部自觉遵守纪律规矩。

严守党的纪律规矩是党员干部的政治责任和义务。严守党的纪律规矩，需要党员干部不断加强自身修养，提高党性觉悟。只有每一位党员干部都严格遵守党的纪律规矩，才能确保党始终成为中国特色社会主义事业的坚强领导核心。

二、带头尊崇法治、敬畏法律

2020 年 11 月 16 日，习近平总书记在中央全面依法治国工作会议上的讲话中指出：“各级领导干部要坚决贯彻落实党中央关于全面依法治国的重大决策部署，带头尊崇法治、敬畏法律，了解法律、掌握法律，不断提高运用法治思维和法治方式深化改革、推动发展、化解矛盾、维护稳定、应对风险的能力，做尊法学法守法用法的模范。要把法治素养和依法履职情况纳入考核评价干部的重要内容，让尊法学法守法用法成为领导干部自觉行为和必备素质。”[①] 在全面推进依法治国的时代背景下，党员干部作为关键少数，肩负着重大的历史使命和责任。带头尊崇法治、敬畏法律，不仅是党员干部自身素质的体现，更是推进国家治理体系和治理能力现代化的必然要求。党员干部只有以身作则，将法治理念融入自己的权力观、政绩观、事业观，并将其贯穿于工作和生活的始终，才能引领全社会形成良好的法治风尚，为实现中华民族伟大复兴提供坚实的法治保障。

1. 党员干部要带头尊崇法治、敬畏法律

法治是现代社会治理的基本方式，也是国家长治久安的重要保障。在法治建设的进程中，党员干部作为关键群体，肩负着重大的责任与使命。党员干部带头尊崇法治、敬畏法律，犹如灯塔照亮法治前行的道路，具有不可替代的重要意义。

第一，推动形成良好法治环境。党员干部作为党和国家事业的中坚力量，其对法治的态度和行为直接影响着法治国家建设的进程。只有党员干部带头尊崇法治、敬畏法律，才能在全社会树立起法治的权威，推动形成办事依法、遇事找法、解决问题用法、化解矛盾靠法的良好法治环境。

第二，提高党的执政能力和领导水平。中国共产党是中国特色社会主义事业的领导核心，党的先进性和纯洁性决定了党员干部必须具备高度的法治意识。带头尊崇法治、敬畏法律，是党员干部践行党的宗旨、保持党的先进性和纯洁性的具体体现。通过加强法治建设，可以有效规范党员干部的行为，防止权力滥用和腐败现象的发生，提高党的执政能力和领导水平。

第三，增强人民群众对党的信任和拥护。党员干部带头尊崇法治、敬畏法律，能够确保国家权力在法治的轨道上运行，防止权力对人民群众利益的侵害。同时，党员干部依法办事，能够为人民群众提供公正、高效、

① 习近平：《坚定不移走中国特色社会主义法治道路 为全面建设社会主义现代化国家提供有力法治保障》，《求是》2021 年第 5 期。

便捷的服务，增强人民群众对党的信任和拥护。

2. 树立宪法至上的观念

树立宪法至上的观念。2015 年 2 月 2 日，习近平总书记在省部级主要领导干部学习贯彻党的十八届四中全会精神全面推进依法治国专题研讨班上的讲话中指出，每个领导干部都要牢固树立宪法法律至上、法律面前人人平等、权由法定、权依法使等基本法治观念，彻底摒弃人治思想和长官意识，决不搞以言代法、以权压法[①]。宪法是国家的根本大法，具有最高的法律效力。党员干部要树立宪法至上的观念，自觉维护宪法的权威。要深入学习宪法，领会宪法的精神实质，严格遵守宪法的规定。在工作和生活中，要以宪法为根本遵循，不得有任何违反宪法的行为。要增强法治信仰，坚定对法治的信心和决心。要相信法律的公正性、权威性和有效性，将法治作为自己的行为准则和价值追求。只有内心真正信仰法治，才能在行动上自觉遵守法律，维护法律的尊严。

3. 提高法治素养

提高法治素养。党员干部要系统学习中国特色社会主义法律体系，包括宪法、法律、行政法规、地方性法规等。要重点学习与自己工作相关的法律法规，掌握法律的基本原则、主要内容和具体规定。通过学习，不断提高自己的法律知识水平，为依法办事奠定坚实的基础。要掌握法治思维和方法，学会运用法律的逻辑和规则来分析问题、解决问题。要善于从法律的角度思考问题，做到依法决策、依法管理、依法办事。要保持学习的热情和积极性，不断更新自己的法律知识。要关注国家立法动态，及时学习新出台的法律法规，确保自己的行为始终符合法律的要求。

4. 严格依法办事

严格依法办事。党员干部要做到科学决策、民主决策、依法决策。要

---

① 《习近平关于全面依法治国论述摘编》，中央文献出版社 2015 年版，第 121 页。

充分考虑法律的规定和要求，进行合法性审查，确保决策的内容和程序合法合规。要广泛听取各方面的意见和建议，充分尊重法律专家和法律顾问的意见，提高决策的科学性和民主性。要加强对法律法规的执行力度，确保法律的规定得到有效落实。要严格规范执法行为，做到公正执法、文明执法，不得滥用职权、徇私舞弊。要加强对执法人员的管理和监督，提高执法队伍的整体素质和执法水平。要自觉遵守法律的规定，不得有任何违法违纪的行为。要积极维护法律的尊严，敢于同违法犯罪行为作斗争。

5. 强化教育培训

强化教育培训。各级党组织要把法治教育纳入党员干部教育培训的重要内容，定期开展法治专题培训。通过举办培训班、专题讲座、研讨会等形式，邀请法律专家、学者为党员干部授课，提高党员干部的法治素养。要创新法治教育培训方式，采用案例教学、现场教学、模拟法庭等形式，增强培训的针对性和实效性。要充分利用现代信息技术，开展在线学习、远程教育等，拓宽培训渠道，提高培训效率。要加强对党员干部法治教育培训的考核，建立健全考核机制，将考核结果作为干部选拔任用、评先评优的重要依据。对考核不合格的党员干部，要进行补考或组织重新培训，确保培训效果。

6. 做好制度建设

做好制度建设。要建立健全法治建设考核评价机制，将法治建设纳入领导干部政绩考核的重要内容。要制定科学合理的考核指标体系，对领导干部的法治意识、依法决策、依法管理、依法办事等方面进行全面考核。要加强考核结果的运用，对法治建设成绩突出的单位和个人进行表彰奖励，对考核不合格的单位和个人进行问责。要完善权力运行制约和监督机制，加强对党员干部权力行使的监督。要建立健全权力清单、责任清单制度，明确权力的边界和责任。要加强对重点领域、关键环节的监督，防止权力滥用和腐败现象的发生。要建立健全问责机制，对违法违纪行为进行严肃问责。要推进党内法规制度建设，加强对党员干部的管理和监督。要制定完善党内法规制度，明确党员干部的行为规范和纪律要求。要加强对党内法规制度的执行力度，确保党内法规制度得到有效落实。要加强对违反党内法规制度行为的查处，维护党内法规制度的严肃性和权威性。

7. 营造法治氛围

营造法治氛围。要加强法治宣传，提高党员干部的法治意识。加强法治文化阵地建设，打造一批法治文化广场、法治文化公园、法治文化长廊等，让党员干部和群众在潜移默化中接受法治教育。党员干部要发挥示范作用，在工作和生活中，严格遵守法律法规，做到言行一致、知行合一。要积极宣传法治理念，引导身边的人树立法治意识。要敢于同违法犯罪行为作斗争，维护法律的尊严和权威。

新时代新征程，党员干部必须以高度的责任感和使命感，带头尊崇法治、敬畏法律，不断提升自身的法治素养和依法办事能力，以实际行动践行法治理念，树立和践行正确权力观、政绩观、事业观，为建成富强民主文明和谐美丽的社会主义现代化强国而努力奋斗。

三、自觉接受监督

中国共产党的性质和宗旨决定了党员干部必须始终保持先进性和纯洁性，自觉接受监督。严管就是厚爱，监督就是保护。党员干部手中掌握的权力由人民赋予，只有让人民来监督，才不会偏离为人民服务的轨道，才不会辜负党和人民的重托。自觉接受监督，也是正确权力观、政绩观、事业观的体现。在新时代，面对复杂多变的国内外形势和艰巨繁重的改革发展稳定任务，党员干部更应自觉接受监督，确保权力正确行使。

1. 进一步巩固党的执政基础

自觉接受监督是党员干部赢得人民信任的重要途径，人民群众对党的信任很大程度上取决于党员干部的表现。当党员干部主动接受监督，以实际行动展现廉洁奉公、勤勉敬业的形象时，就能赢得人民群众的真心拥护和支持，进一步巩固党的执政基础。

第一，确保权力正确行使。权力是一把双刃剑，用得好可以造福人民，用不好则会损害人民利益，滋生腐败。党员干部手中掌握着一定的权力，只有自觉接受监督，才能防止权力滥用、以权谋私等问题的发生。监督可以促使党员干部在行使权力时更加谨慎、公正，确保权力始终为人民服务。

第二，保持党的先进性和纯洁性。党的先进性和纯洁性是党的生命线，是党长期执政的基本保证。党员干部自觉接受监督，能够及时发现和纠正自身存在的问题，防止思想滑坡、道德堕落、行为失范。通过监督，可以促使党员干部不断提高自身素质，增强党性修养，保持党的先进性和纯洁性。

第三，增强党的凝聚力和战斗力。党员干部自觉接受监督，能够树立良好的形象，赢得人民群众的信任和支持。同时，监督也可以促进党内团结，增强党的凝聚力和战斗力。在监督的作用下，党员干部能够更加自觉地遵守党的纪律，执行党的决定，为实现党的目标而共同努力。

第四，推进党风廉政建设和反腐败斗争。党风廉政建设和反腐败斗争是关系党和国家兴衰成败、生死存亡的重大政治任务。党员干部自觉接受监督，是预防和惩治腐败的重要举措。监督可以及时发现腐败线索，严肃查处违纪违法行为，有效遏制腐败现象的滋生蔓延。通过加强对权力运行的制约和监督，还可以从源头上预防腐败的发生。

2. 认清所面临的困难

在全面从严治党的大背景下，党员干部自觉接受监督是确保权力正确行使、维护党和人民利益的重要保障。然而，在实际过程中，党员干部自觉接受监督面临着一些困难，我们只有认清困难，才能更好地克服困难。

第一，思想认识不足。部分党员干部对监督存在错误认识，认为监督是对自己的不信任、不尊重，是给自己找麻烦。有的党员干部存在特权思想，不愿意接受监督，对监督抱有抵触情绪。这些错误认识严重影响了党员干部自觉接受监督的积极性和主动性。

第二，监督机制不完善。目前，我国的监督体系虽然已经初步建立，但还存在一些不完善的地方。监督主体之间的协调配合不够紧密，监督合力尚未充分发挥；监督制度的执行力度不够，存在有制度不执行或执行不到位的情况；监督方式方法还比较单一，缺乏创新性和有效性等。这些问题都给党员干部自觉接受监督带来了一定的困难。

第三，外部环境的影响。随着市场经济的发展和社会的进步，各种利益诱惑不断增多，一些不良风气也在一定程度上影响了党员干部的思想和行为。同时，网络媒体的快速发展，也给监督工作带来了新的挑战。一些虚假信息、恶意炒作等现象时有发生，容易误导群众，给党员干部带来不必要的压力和困扰。

3. 以积极的态度对待监督

在全面从严治党的征程中，监督如高悬之剑，是规范权力运行，保障党的先进性和纯洁性，帮助党员干部树立和践行正确权力观、政绩观、事业观的关键举措。党员干部要增强接受监督的意识，要认识到监督是对自己的关心和爱护，是防止权力滥用和腐败的有效手段，以积极的态度对待监督，主动接受监督，不断改进自己的工作。党员干部自觉接受监督，不仅是一种政治责任，更是确保党和人民事业蓬勃发展的必然要求。

提高思想认识。党员干部要深入学习党的创新理论成果和路线方针政策，不断提高政治觉悟和政治能力。通过党性教育，增强党员干部的宗旨意识、责任意识和纪律意识，使党员干部深刻认识到自觉接受监督是对党忠诚、对人民负责的表现。要正确认识权力的来源和本质，明确权力是人民赋予的，必须为人民服务。要摒弃特权思想，树立正确的权力观，自觉接受人民群众的监督，做到权为民所用、情为民所系、利为民所谋。要充分认识到监督的重要性和必要性，把接受监督作为一种习惯、一种常态。主动接受党内监督、群众监督、舆论监督等各种监督，以积极的态度对待监督，不断改进自己的工作和作风。

完善监督机制。首先要加强党内监督。党员干部要严格执行民主集中制，坚持集体领导和个人分工负责相结合，重大问题集体决策，防止个人专断和权力滥用。要加强对“一把手”的监督，建立健全对“一把手”的监督制度，规范“一把手”的权力运行。要充分发挥纪检监察机关的作用，加强对党员干部的监督检查，严肃查处违纪违法行为。其次要强化群众监督。建立健全群众监督机制，拓宽群众监督渠道。通过设立举报电话、举报邮箱、网络举报平台等方式，方便群众反映问题。同时，要认真对待群众的举报和投诉，及时调查处理，做到事事有回音、件件有着落。要切实保障群众的监督权，对打击报复举报人、侵犯群众监督权的行为要严肃查处。要加强对群众的宣传教育，提高群众的监督意识和能力，引导群众依法有序地进行监督。最后要重视舆论监督。党员干部要正确对待舆论监督，把舆论监督作为改进工作、提高自身素质的重要动力。对媒体曝光的问题要高度重视，及时调查处理，向社会公布处理结果。要加强与媒体的沟通合作，建立良好的互动关系。通过新闻发布会、媒体座谈会等形式，及时向媒体通报工作进展情况，争取媒体的理解和支持。同时，要积极引导媒体客观、公正地进行监督报道，避免虚假信息和恶意炒作。

加强自我约束。党员干部要严格遵守党的纪律和国家法律，自觉用党纪国法规范自己的言行举止。要增强纪律意识和法律意识，做到知敬畏、存戒惧、守底线。要做到清正廉洁，不为私利所动，不为诱惑所迷。要严格执行廉洁自律的各项规定，自觉抵制各种腐败行为。要养成自我反思的习惯，定期对自己的工作和行为进行反思，查找存在的问题和不足，及时加以改进。要勇于正视自己的错误，虚心接受批评和建议，不断提高自身素质和工作水平。

营造良好的监督环境。要加强党风廉政建设，深入开展反腐败斗争，严肃查处违纪违法行为，净化政治生态。同时，要加强廉政文化建设，营造崇廉尚洁的社会氛围。要推进民主政治建设，不断扩大人民民主，切实保障人民群众的知情权、参与权、表达权和监督权。要加强基层民主建设，完善基层民主制度，让人民群众真正参与到民主管理和民主监督中来。要加强监督文化建设，弘扬监督精神，营造人人敢于监督、善于监督的良好氛围。要加强对监督工作的宣传教育，提高全社会的监督意识和监督能力。

四、做到“公道正派、清正廉洁”

习近平总书记在党的二十届一中全会上强调，保持清正廉洁，做到公道正派[①]。新征程上，党员干部肩负着重大的历史使命和责任。做到“公道正派、清正廉洁”，不仅关系到党的形象和公信力，更关系到国家的稳定和发展，以及人民的幸福和福祉，是党员干部必须坚守的品质，也是党员干部树立和践行正确权力观、政绩观、事业观的必然要求。

1.“公道正派、清正廉洁”是对新时代党员干部的基本要求

“公道正派、清正廉洁”是对新时代党员干部的基本要求，也是党和人民的殷切期望。只有做到这两点，党员干部才能树立良好的形象，增强党的凝聚力和战斗力，为国家的发展和人民的幸福贡献力量。

第一，公道正派。首先，“公道”即公平、公正。意味着党员干部在工作和生活中要处事公平、评判公正。对待不同的人和事一视同仁，不偏不倚。在决策过程中，充分考虑各方面的利益和诉求，确保决策的公平性和合理性。无论是在干部选拔任用、资源分配，还是在处理矛盾纠纷等方面，都能依据客观事实和相关规定，不徇私情，不搞特殊化。在评价他人和工作成果时，坚持客观、准确的标准，不被个人情感、利益关系所左右。以事实为依据，以业绩和能力为导向，公正地评价干部的工作表现和贡献，为优秀人才的脱颖而出创造公平的环境。然后，“正派”即正直、端正。要求党员干部品行端正、作风正派，具有良好的道德品质和职业操守，诚实守信、忠诚老实、言行一致。坚守原则，不做违背道德和法律的事情，在任何情况下都能保持高尚的品德和行为风范。在工作中求真务实，

① 习近平：《为实现党的二十大确定的目标任务而团结奋斗》，《求是》2023 年第 1 期。

不搞形式主义、官僚主义。与他人交往中，真诚待人，不搞阴谋诡计、拉帮结派。以正直的作风和良好的形象赢得他人的尊重和信任。

第二，清正廉洁。首先，“清正”即清廉、正直。党员干部要在政治上保持清醒的头脑，坚定理想信念，严守党的政治纪律和政治规矩。不被权力、金钱等诱惑所腐蚀，始终保持对党忠诚、对人民负责的政治本色。要保持积极向上的思想状态，摒弃自私自利、贪图享乐等不良思想，以高尚的精神追求和道德情操为指引，不断提升自身的思想境界。然后，“廉洁”即廉洁自律、不贪不占。党员干部要严格遵守党纪国法，自觉抵制各种腐败行为。在工作和生活中，不接受礼品、礼金和有价证券等贿赂，不利用职务之便为自己和他人谋取私利。保持简朴的生活方式，不追求奢华享受。在个人消费和生活习惯上，做到勤俭节约、艰苦奋斗。以廉洁的生活作风为社会树立榜样。

2.“公道正派、清正廉洁”关乎党心民心、关系党和国家长治久安

在党和国家事业发展的进程中，党员干部作为中流砥柱，肩负着重大责任与使命。“公道正派、清正廉洁”不仅是对党员干部个人品质的基本要求，更是关乎党心民心、关系党和国家长治久安的关键所在。

维护党的先进性和纯洁性，增强党的凝聚力和战斗力。党员干部是党的形象代言人，“公道正派、清正廉洁”能够从个体层面保持党的先进性本质，有助于在党内营造风清气正的政治生态，使党员干部在处理党内事务、对待同志时遵循正确原则。党员干部做到公道正派，在党内能形成公正平等、团结协作的氛围。无论是在工作安排、任务分配还是干部晋升等事务中，以公道之心对待同志，能让党员之间相互信任、相互支持，进而增强整体凝聚力。党员干部做到清正廉洁，可防止党内受到腐朽思想侵蚀，避免出现如以权谋私、贪污受贿等违背党的性质宗旨的行为，确保党始终走在时代前列，保持纯洁的政治本色。使党在面对各种困难和挑战时，能心往一处想、劲往一处使，发挥强大的战斗力，带领人民不断前进。

保障国家长治久安和政策有效施行，引领社会良好风尚。党员干部在

国家治理中承担关键职责，公道正派能保障政策制定和执行过程中的公平性。在制定政策时充分考虑不同群体利益诉求，在执法监管等领域公正行事，可提升政府公信力，维护社会公平正义，促进社会稳定和谐。清正廉洁的干部队伍能够有效利用国家资源，确保资金用于经济发展、民生改善等关键领域，使国家各项政策精准落实，推动国家持续健康发展。在社会上，党员干部的行为具有示范引领作用。他们秉持公道正派，社会就会逐渐形成诚实守信、公平竞争的氛围。而清正廉洁的作风也会带动社会风气朝着廉洁、健康的方向发展，使崇廉尚洁成为社会共识，有助于构建积极向上、风清气正的社会环境。

赢得人民信任和支持，切实保障群众利益。公道正派地为群众办事，在民生问题解决、矛盾纠纷调解过程中不偏袒、不徇私，能让群众切实感受到公平正义就在身边。清正廉洁的干部不会从群众身上谋取不正当利益，而是一心一意为群众谋福祉，这样的干部能够获得人民群众的真心拥护和支持，筑牢党的执政根基。党员干部只有做到“公道正派、清正廉洁”，才能在资源分配、公共服务供给等涉及群众切身利益的事务中，合理分配资源、公正提供服务，使人民群众的生活水平不断提高，幸福指数不断提升。

3. 做到“公道正派、清正廉洁”有诸多阻碍

“公道正派、清正廉洁”是党员干部应有的品质和操守。但在现实环境中，党员干部要做到这一点面临诸多因素的阻碍，这些阻碍如同荆棘，横亘在前行的道路上。

社会价值观多元化冲击。在市场经济快速发展的今天，社会价值观日益多元化。各种思潮相互碰撞，一些不良价值观如极端个人主义、拜金主义等开始滋生蔓延。党员干部身处这样的大环境中，容易受到影响。例如，部分党员干部看到一些人通过不正当手段迅速获取财富，过上奢靡生活，心理逐渐失衡，开始动摇自己原本坚守的“三观”，对“公道正派、清正廉洁”的原则产生怀疑。一些娱乐至上、功利主义等不良文化现象也充斥在生活中，削弱了党员干部对高尚道德情操的追求动力。

利益诱惑增多且复杂。随着经济发展，利益诱惑的形式越来越多样化。从收受礼品礼金、高档烟酒等传统形式，到利用股票内幕交易、通过复杂的金融手段输送利益等新型隐蔽形式。一些不法分子为谋取私利，千方百计拉拢腐蚀党员干部。例如，在工程项目招投标、土地出让等领域，巨额利益诱惑无处不在。一些企业或个人通过提供高额回扣、赠送房产等手段，诱导党员干部违规操作，为他们大开方便之门。党员干部一旦放松警惕，就很容易陷入利益陷阱。

权力带来的心态变化。当党员干部手中掌握一定权力后，心态容易发生变化。部分人开始滋生特权思想，认为自己有权决定一些事务，理应享受特殊待遇。在干部选拔任用中，可能出现任人唯亲的现象，提拔与自己关系亲近而非德才兼备的人；在资源分配等工作中，利用权力优先满足自己或身边小圈子的利益需求。同时，权力带来的优越感也可能让一些党员干部听不进不同意见，排斥监督，认为监督是对自己权力的挑战，导致"公道正派"难以践行，为腐败行为埋下隐患。

自我约束意识弱化。有的党员干部随着党龄增长和职务提升，逐渐放松了对自己的要求。对党的纪律规矩学习不够深入，思想上麻痹大意。在日常工作和生活中，缺乏自律自省的习惯，对一些小的违规行为不以为然，如违规使用公车、接受超标准接待等。长此以往，自我约束的防线逐渐崩溃，最终滑向腐败深渊。而且部分党员干部在面对繁重工作任务和复杂人际关系时，容易产生懈怠情绪，降低对自身道德品质和廉洁自律的标准，为不良风气侵蚀打开了缺口。

4. 以实际行动做到"公道正派、清正廉洁"

"公道正派、清正廉洁"犹如一盏明灯，照亮前路，引领党员干部在为人民服务的道路上不断前行。"公道正派、清正廉洁"绝不是一个口号，而是要以实际行动去做到，如此，才能不负党和人民的重托。

加强思想教育，筑牢信仰之基。党员干部要深入学习党的创新理论成果，不断提高政治觉悟和政治能力。通过党性教育，增强党员干部的宗旨意识、责任意识和纪律意识，使他们深刻认识到“公道正派、清正廉洁”是对党忠诚、对人民负责的具体体现。要加强对党章党规的学习，明确党员干部的行为规范和道德底线，时刻保持对党的忠诚和对党纪敬畏之心。要树立正确的权力观、政绩观、事业观，明确权力是人民赋予的，必须为人民服务。要正确对待权力、地位和利益，做到不为名利所累、不为物欲所惑。要加强对社会主义核心价值观的学习和践行，培养高尚的道德情操和职业操守，做到诚实守信、正直善良、廉洁奉公。要通过开展廉政教育活动，增强党员干部的廉洁自律意识，提高拒腐防变的能力。要加强对廉政法规的学习，明确廉洁从政的行为规范和纪律要求，做到知敬畏、存戒惧、守底线。要通过剖析典型案例，开展警示教育，使党员干部深刻认识到腐败的严重后果，增强廉洁自律的自觉性。

完善制度建设，扎紧制度笼子。要建立健全公正的制度体系，确保政策和法律的公正执行。要加强制度建设，完善决策机制、执行机制和监督机制，防止权力滥用和腐败现象的发生。要建立健全干部选拔任用制度，坚持德才兼备、以德为先的用人标准，确保选拔任用的干部公道正派、清正廉洁。要建立健全资源分配制度，确保资源分配公平合理，防止利益输送和腐败行为的发生。要加强对权力的制约和监督，建立健全权力运行的制约和监督机制。要加强党内监督、群众监督和舆论监督，形成监督合力，确保权力在阳光下运行。要加强对领导干部特别是“一把手”的监督，建立健全领导干部述职述廉、重大事项报告、经济责任审计等制度，防止权力失控和滥用。要加强对权力运行的全过程监督，建立健全权力运行的风险防控机制，及时发现和纠正权力运行中的问题。要严格执行制度，做到有法必依、执法必严、违法必究。要加强对制度执行情况的监督检查，严肃查处违反制度的行为。要建立健全制度执行的问责机制，对制度执行不力的单位和个人进行问责，确保制度得到有效执行。

强化自我约束，提高自律能力。党员干部要增强自律意识，自觉遵守党纪国法和道德规范。要做到慎独、慎微、慎初，在无人监督的情况下，也能严格要求自己，不做违法违纪的事情。要加强对自己的思想和行为的约束，时刻保持清醒的头脑，不被权力、金钱、美色等诱惑所迷惑。要自觉接受组织和群众的监督，虚心听取他人的意见和建议，不断改进自己的工作和作风。要加强自我反思，定期对自己的思想和行为进行反思和检查。要及时发现自己存在的问题和不足，采取有效措施加以改进。要通过自我反思，不断提高自己的思想境界和道德水平，增强廉洁自律的自觉性。要加强对自己的工作和生活的管理，做到勤俭节约、艰苦奋斗，不追求奢华享受，不铺张浪费。要培养良好的生活习惯，保持健康的生活方式。要加强体育锻炼，增强身体素质，提高工作效率。要注重心理健康，保持积极乐观的心态，正确对待工作和生活中的压力和困难。要远离不良嗜好，不参与赌博、吸毒等违法犯罪活动。要加强对家属和身边工作人员的教育和管理，防止他们利用自己的权力和影响谋取私利。

第九章

心中有数，

练就本领正“三观”

心中有数，方能处变不惊、从容应对、游刃有余。而手上有本领，才能做到心中有数。党的二十大报告强调："加强实践锻炼、专业训练，注重在重大斗争中磨砺干部，增强干部推动高质量发展本领、服务群众本领、防范化解风险本领。加强干部斗争精神和斗争本领养成，着力增强防风险、迎挑战、抗打压能力，带头担当作为，做到平常时候看得出来、关键时刻站得出来、危难关头豁得出来。"2023 年 1 月 9 日，习近平总书记在二十届中央纪委二次全会上的讲话中指出："我们必须与时俱进提高科学执政、民主执政、依法执政水平，克服干部队伍中存在的能力不足、本领恐慌，确保适应新时代要求、具备领导现代化建设能力，做到政治过硬、本领高强，堪当民族复兴重任。"党员干部的本领高不高、能力强不强，关乎党中央战略部署能否顺利推进，关乎国家长治久安与民族伟大复兴进程。在新时代新征程中，党员干部如同一艘艘领航船，肩负着为人民谋幸福、为民族谋复兴的重任。而权力观、政绩观、事业观犹如船的舵、帆与锚，指引方向、提供动力、稳定船身。只有做到心中有数，练就过硬本领，端正权力观、政绩观、事业观，方能在新时代的浩瀚海洋中破浪前行，驶向光明的彼岸。

一、提高推动高质量发展本领

党的二十届三中全会提出："高质量发展是全面建设社会主义现代化国家的首要任务。必须以新发展理念引领改革，立足新发展阶段，深化供给侧结构性改革，完善推动高质量发展激励约束机制，塑造发展新动能新优势。"高质量发展已经成为我国经济社会发展的核心目标，党员干部树立和践行正确权力观、政绩观、事业观也必须服从于高质量发展这个目标。党员干部作为各项事业发展的引领者、组织者和推动者，其推动高质量发展的本领至关重要。这不仅关系到党和国家事业的兴衰成败，更直接影响着人民群众的幸福安康。提高党员干部推动高质量发展的本领，是全面建设社会主义现代化国家、实现中华民族伟大复兴的必然要求。

1. 满足人民，体现发展

高质量发展是能够满足人民日益增长的美好生活需要的发展，是体现新发展理念的发展，是创新成为第一动力、协调成为内生特点、绿色成为普遍形态、开放成为必由之路、共享成为根本目的的发展。从传统的发展模式向高质量发展转型，是实现国家繁荣昌盛、人民幸福安康的必由之路。

创新成为第一动力。党的二十大报告指出，必须坚持“创新是第一动力”，“坚持创新在我国现代化建设全局中的核心地位”。创新是一个民族进步的灵魂，是一个国家兴旺发达的不竭动力，也是中华民族最深沉的民族禀赋。创新可以推动经济持续增长，通过技术创新、产品创新和商业模式创新，企业可以开发出具有更高附加值的产品和服务，满足消费者不断变化的需求；创新可以促进产业升级转型，通过技术创新，传统产业可以实现生产过程的自动化、智能化和绿色化，提高产品质量和生产效率，降低资源消耗和环境污染；创新可以提升国家核心竞争力，拥有强大创新能力的国家能够在科技、经济、军事等领域占据领先地位，掌握国际话语权；创新可以改善社会民生福祉，通过科技创新，人们可以享受到更加便捷、高效、舒适的生活方式。

协调成为内生特点。协调成为内生特点，意味着在高质量发展的进程中，协调发展已深深融入各个方面，成为其内在的本质属性和必然要求。产业结构协调，各产业不再孤立发展，而是形成有机联动；区域发展协调，不同地区依据自身资源禀赋和发展优势，实现合理分工与协作；城乡融合协调，打破城乡二元壁垒，实现城乡要素双向流动和平等交换；经济与社会发展协调，经济增长与社会进步同步推进，避免经济发展“一头重”；物质文明与精神文明协调，既注重物质财富的积累，又强调精神文化的丰富；不同群体利益协调，关注不同社会群体的利益诉求，确保发展成果公平惠及全体人民。

绿色成为普遍形态。习近平总书记曾多次指出："绿水青山就是金山银山。"当前，绿色发展理念日益深入人心，绿色成为高质量发展的普遍形态，为人类社会的可持续未来描绘出一幅美丽画卷。绿色成为普遍形态意味着在经济、社会和环境等各个方面，绿色发展理念贯穿始终，绿色行动成为常态，绿色价值得到充分体现。产业绿色化，各个产业积极践行绿色发展理念，推动生产方式向绿色、低碳、循环转变；绿色创新驱动，科技创新成为推动绿色发展的核心动力；绿色消费引领，消费者的环保意识不断提高，绿色消费成为主流趋势；绿色出行，推广公共交通、共享单车、步行等绿色出行方式，减少私人汽车的使用，减少交通拥堵、降低尾气排放；绿色建筑，大力发展绿色建筑，提高建筑的能源利用效率和环保性能；绿色教育，加强绿色教育，提高全民环保意识；加强生态修复，加大对生态系统的保护和修复力度，恢复受损的生态环境；严格环境监管，建立健全严格的环境监管体系，加强对企业的环境执法力度，确保企业达标排放；推进绿色发展国际合作，积极参与全球环境治理，加强与其他国家在绿色发展领域的合作与交流。

开放成为必由之路。开放带来进步，封闭必然落后。古往今来，人类从闭塞走向开放、从隔绝走向融合是不可阻挡的时代潮流。在高质量发展的征程中，开放是不可或缺的关键因素，它为经济、科技、文化等各个领域的发展提供了强大动力和广阔空间，是实现高质量发展的必由之路。从经济层面来看，高质量发展要求经济增长从规模速度型向质量效益型转变，开放能够引入国际先进的生产要素，包括高端技术、现代化管理理念和专业人才等；从创新驱动角度讲，开放为科技创新提供了广阔的舞台，各国在不同领域的科研优势可以通过开放的合作机制实现互补；在资源配置方面，高质量发展需要高效利用各种资源，而开放市场可以让资源在全球范围内流动，实现资源的最优配置；从文化和社会发展角度看，开放带来了多元的文化交流和社会进步，不同国家的文化在开放的环境中相互碰撞、融合，丰富了人们的精神生活，促进了社会的包容与和谐。

共享成为根本目的。2024 年 9 月 30 日，习近平总书记在庆祝中华人民共和国成立 75 周年招待会上的讲话中指出：“我们要始终牢记党的根本宗旨和国家性质，牢记人民至上，一切为了人民，一切依靠人民，努力让全体人民在共同奋斗中共享改革发展成果。”在高质量发展中，把共享作为根本目的，是人民至上、坚持以人民为中心的发展思想的具体体现，旨在实现经济、社会、生态等多方面的协调发展，让全体人民共同迈向更加美好的未来。从经济层面来说，共享意味着经济发展的成果要惠及全体人民，这包括通过合理的收入分配制度，缩小贫富差距，让不同阶层的人都能从经济增长中获得实实在在的利益；从社会发展角度来看，共享体现为公共服务的均等化，高质量发展要求提供优质、公平的教育、医疗、文化、交通等公共服务，让每个人都有机会享受到良好的社会资源；在生态环境方面，共享意味着良好的生态环境是最普惠的民生福祉，高质量发展要坚持绿色发展理念，保护生态环境，让人们共享蓝天白云、清水绿岸、鸟语花香的美丽家园；从发展机遇角度讲，共享意味着为每个人提供平等的发展机会，高质量发展要打破各种不合理的壁垒和限制，消除歧视性政策，让人们在就业、创业、创新等方面都能站在公平的起跑线上。

2. 正视问题，迎接挑战

当前，世界百年未有之大变局加速演进，新一轮科技革命和产业变革深入发展，国际力量对比深刻调整，我国发展面临新的战略机遇。国内经济社会发展也步入新阶段，各种新问题、新矛盾层出不穷。在这样复杂的形势下，党员干部要提高推动高质量发展本领，就如同逆水行舟，必须要突破重重阻碍。

知识更新与迭代的挑战。科技发展日新月异，新的知识、理念和技术不断涌现。在高质量发展进程中，涉及人工智能、大数据、新能源等众多新兴领域知识。党员干部需要在繁忙的日常工作中抽出时间学习新知识，而且知识的快速迭代使得刚刚掌握的知识可能很快就面临过时风险。例如，数字经济领域的一些新技术和商业模式，可能在短短几年内就发生巨大变革，党员干部要持续跟进学习并非易事。

思维转变的挑战。传统的发展思维模式根深蒂固，从注重速度和规模向注重质量和效益转变无法一蹴而就。一些党员干部习惯了传统的工作方式和决策模式，对于创新驱动、绿色发展等新发展理念的理解和运用不够深入。在实际工作中，仍然可能倾向于采取短期见效快但长期不可持续的做法。例如，在生态环境保护与经济发展的权衡中，难以迅速摆脱旧有思维，真正将绿色发展理念融入到所有工作环节中去。

协调平衡的挑战。高质量发展涉及多元利益主体和复杂的社会环境。党员干部不仅要协调好经济发展与环境保护之间的关系，还要兼顾不同群体的利益诉求。例如，在城市更新项目中，既要满足城市发展的需要，又要保障原住居民的合法权益；在产业升级过程中，要处理好传统产业转型与新兴产业培育的衔接，以及由此带来的企业、员工等各方利益调整。如何在这些复杂的关系中找到平衡点，对党员干部的协调平衡能力提出了极高要求。

国际形势不确定性的挑战。全球化背景下，国际形势风云变幻。贸易摩擦、地缘政治等因素给高质量发展带来诸多不稳定因素。党员干部需要具备国际视野，敏锐洞察国际形势对本地发展的影响，并及时作出应对策略。然而，国际局势的复杂性和不确定性增加了准确判断和有效应对的难度。例如，突发的国际制裁或贸易壁垒变化，可能打乱原本的产业发展规划和对外合作布局。

3. 找准方向，提升本领

面对世界百年未有之大变局加速演进下国际国内的复杂形势，面对时代的浪潮，党员干部唯有不断提升自身本领，才能在高质量发展的征程中找准方向、破浪前行，为实现中华民族伟大复兴贡献力量。

第一，深入学习新发展理念。党员干部要把学习贯彻创新、协调、绿色、开放、共享的新发展理念作为重中之重。通过参加专题培训、研讨交流等方式，深刻理解新发展理念的内涵和相互关系。将新发展理念融入日常决策思维。在制定政策、规划项目、推动工作时，时刻以新发展理念为指导，进行全面、系统的思考，摒弃传统的粗放式、单一式发展思维模式。

第二，加强宏观经济政策学习。密切关注国家宏观经济政策动态，深入研究财政政策、货币政策、产业政策等对地方经济发展的影响。党员干部应定期参加经济政策解读会，与经济领域专家交流互动，准确把握政策导向，以便在实际工作中更好地利用政策机遇，规避政策风险。学会结合本地实际情况贯彻落实宏观政策，因地制宜地制定配套措施，确保政策在基层落地生根，发挥最大效益。

第三，深入基层调研实践。坚持问题导向，定期深入企业、社区、农村等基层一线开展调研。了解市场主体的需求和困难，掌握群众的所思所想所盼。积极参与基层项目建设。主动投身到乡村振兴、城市更新、重大基础设施建设等项目中，在实践中锻炼项目管理、组织协调、资源整合等能力。通过参与项目，学会如何统筹各方资源，解决项目推进过程中的矛盾和问题，确保项目按时保质完成。

第四，勇于创新实践。鼓励党员干部在工作中敢于尝试新方法、新模式。在优化营商环境方面，可以借鉴先进地区的经验做法，结合本地实际进行创新。建立容错纠错机制，为党员干部创新实践营造宽松环境。让他们在敢于创新的同时，无后顾之忧，充分激发创新活力和潜能。

第五，开展跨地区交流学习。积极组织党员干部到高质量发展成效显著的地区进行考察学习。学习先进地区在产业转型升级、科技创新、生态治理等方面的成功经验和做法。通过实地观摩、案例分析、经验交流等方式，汲取有益经验，带回本地转化应用。建立地区间干部交流挂职机制。选派优秀党员干部到发达地区挂职锻炼，深入学习先进的管理理念、工作方法和发展模式。同时，也欢迎其他地区干部到本地挂职交流，促进经验共享和思想碰撞。

第六，加强国际交流合作。鼓励党员干部参与国际交流活动，了解国际前沿技术、产业发展趋势和先进管理经验。通过参加国际研讨会、商务洽谈会等活动，拓宽国际视野，增强国际交往能力。在招商引资、对外合作等工作中，发挥党员干部的桥梁纽带作用。积极引进国外先进技术、资金和人才，推动本地企业“走出去”参与国际竞争，提升区域经济的国际化水平。

第七，定期总结反思工作经验教训。党员干部要养成定期总结工作的习惯，对工作中的成功经验和失败教训进行深入分析。通过总结经验，发现规律，形成可复制、可推广的工作方法；从失败中吸取教训，找出问题根源，及时调整工作思路和方法。开展批评与自我批评活动。以民主生活会、组织生活会等为载体，客观评价自己的工作表现，虚心接受同事和群众的批评意见，不断改进工作作风和方法，提高工作质量和效率。

第八，树立终身学习理念。党员干部要认识到学习是一个永无止境的过程，保持对知识的渴望和对学习的热情。积极利用业余时间学习新知识、新技能，不断更新知识结构，适应时代发展的需求。参加各类线上线下学习平台和课程，如干部网络学院、专题讲座等，持续提升自身综合素质。同时，鼓励党员干部之间相互学习、相互促进，形成良好的学习氛围和团队文化。

二、提高服务群众本领

民为邦本，本固邦宁。习近平总书记在党的二十大报告中指出：“江山就是人民，人民就是江山。中国共产党领导人民打江山、守江山，守的是人民的心。”人民群众是国家的根基，是社会发展的力量源泉。在新征程中，提高服务群众本领不仅是每一位党员干部的职责所在，更是党和国家事业蓬勃发展、长治久安的关键因素。回望历史长河，无数事例证明了心系群众、服务群众能够凝聚人心、创造辉煌；反之，则会导致社会动荡、发展受阻。党员干部要树立和践行正确权力观、政绩观、事业观，必须提高服务群众本领。

1. 既是“试金石”，也是“压舱石”

党员干部肩负着为人民谋幸福、为民族谋复兴的神圣使命。服务群众本领是连接党心与民心的坚实桥梁，意义非凡且深远，它不仅是党员干部践行初心使命的“试金石”，更是党和国家事业这艘巨轮在时代浪潮中破浪前行的“压舱石”。

巩固党的执政基础。人民拥护和支持是党执政的最牢根基。党员干部以高强的服务群众本领切实解决群众生活中的难题，群众就会深切感受到党的关怀，从而对党的执政理念和方针政策产生高度认同。每一次为群众排忧解难，都是在群众心中积累信任的过程。当群众信任党员干部、信任党，党的执政根基就会坚如磐石。服务群众本领强的党员干部能够积极组织群众、发动群众参与到各项建设事业中来。通过与群众密切互动，将党的先进思想、政策主张传递给群众，同时将群众的智慧和力量凝聚起来。例如，在应对自然灾害、公共卫生事件等挑战时，党员干部凭借出色的服务群众本领，有序组织群众开展自救互救、恢复生产生活，使党和群众紧密团结在一起，形成强大的凝聚力，共同战胜困难。

促进社会和谐稳定。社会发展过程中不可避免地会产生各种矛盾和问题。党员干部如果具备高超的服务群众本领，就能够敏锐地察觉到矛盾的萌芽，并及时采取有效的措施加以化解。他们可以运用沟通协调技巧，深入了解矛盾双方的诉求，秉持公平公正的原则进行调解处理。公平正义是社会稳定的基石。党员干部在服务群众过程中，严格执行政策法规，保障群众的合法权益不受侵害。无论是在资源分配、社会保障还是社会治理等方面，都确保程序公正、结果公平。当群众看到党员干部公正无私地为他们服务，就会对社会秩序充满信心，减少因不公平感而产生的不满情绪，从而降低社会不稳定因素，促进社会长治久安。

推动国家繁荣发展。群众拥有无穷的创造力。党员干部提高服务群众本领，为群众创造良好的发展环境，提供必要的支持和帮助，充分激发群众的创新活力和创业热情。国家制定的各项政策最终要靠党员干部落实到群众中去。具备良好服务群众本领的党员干部能够准确理解政策意图，结合当地实际情况和群众需求，采取恰当的方式方法进行宣传推广和执行落实。他们能够根据群众反馈及时调整政策执行中的问题，使政策真正惠及群众，发挥政策的最大效益，促进经济社会各项事业有序开展，推动国家繁荣发展。

2. 服务难度升级，挑战复杂严峻

当前，社会快速发展、不断变革，服务群众的难度不断升级。党员干部服务群众面临着诸多复杂而严峻的挑战，这些挑战不仅考验着个体的能力与智慧，更关系到能否满足人民日益增长的美好生活需要以及党和国家事业的长远发展。

群众需求日益多元复杂。随着经济水平的显著提高，群众已不再满足于基本的温饱问题，在日常生活消费方面，对于产品和服务的质量、安全性、个性化等方面有着更高的追求。在满足物质生活的基础上，群众的精神文化需求呈现出“井喷式”增长。社会的开放性和包容性使得个体意识不断觉醒，群众的个性化需求愈发鲜明。每个人都希望在各个方面能够展现独特的自我价值，从服饰穿搭、家居装饰的个性化定制，到旅游出行选择小众独特的目的地和体验方式，再到对于个人权益维护、社会参与等方面都有着与众不同的诉求。

社会环境快速变化带来冲击。互联网和新媒体的飞速发展，信息传播呈现出前所未有的速度和广度。一方面，海量信息如潮水般涌来，真假信息鱼龙混杂，服务群众主体获取真实有效信息以了解群众需求、把握社会动态的难度增大。另一方面，群众通过网络接触到多元的价值观和生活方式，思想观念更加活跃多变，使得服务者在进行思想引导、凝聚共识方面面临巨大挑战。城市化进程加速、人口老龄化加剧以及人口流动频繁等社会结构的重大变化，引发了一系列新问题。在经济转型、社会发展不平衡不充分的背景下，各类社会矛盾相互交织。如贫富差距、环境污染、就业

竞争压力等问题引发的矛盾，涉及面广、利益关联复杂。

服务理念与方式滞后。部分服务群众主体仍受传统行政思维影响，习惯以管理者自居，缺乏主动服务意识和换位思考精神。在工作中，往往采取命令式、一刀切的工作方式，忽视了群众的感受和实际需求。面对新技术、新手段的快速发展，一些服务群众工作未能及时跟上时代步伐。部分政务服务已实现线上办理，但仍存在流程烦琐、系统不稳定、信息共享不畅等问题。在利用大数据分析群众需求、开展精准服务等方面也还处于探索阶段，服务方式的创新性和有效性有待进一步提升。服务群众工作涉及多个部门、多个领域，但协同合作机制尚不完善，部门之间存在信息壁垒、职责不清等问题，导致在处理一些涉及多方利益的群众问题时，出现相互推诿、效率低下的情况。

3. 与民心同频共振，奏和谐共进强音

服务群众是一项崇高而伟大的使命，党员干部只有不断提升服务群众本领，才能架起党群关系的坚固桥梁，让信任的基石在交流互动中越筑越牢。在群众面临困惑时，以扎实的知识储备和丰富的经验智慧，为他们拨云见日，指明方向；在群众遭遇困境时，凭借高效的协调能力和果断的决策水平，及时提供服务，给予有力的支撑。从而使党心与民心同频共振，奏响和谐共进的时代强音。

加强思想政治教育。深入学习党的群众路线相关理论，深刻领悟“从群众中来，到群众中去”的内涵。通过定期组织专题学习研讨会、参观红色教育基地等方式，让党员干部切实感受党与群众的鱼水深情，增强为人民服务的宗旨意识。让每一位党员干部都明白，群众的需求就是工作的导向，群众的满意就是最高的追求。开展榜样学习活动，学习焦裕禄、孔繁森等优秀干部一心为民的先进事迹，激发党员干部内心深处对群众的关爱之情。同时，通过反思反面案例，警示党员干部时刻保持清正廉洁、一心为公的政治本色，将群众利益放在首位，以强烈的责任感和使命感投身服务群众工作。

提升业务知识技能。党员干部要全面、系统、深入地学习与群众生活密切相关的政策法规，如社会保障、医疗卫生、教育就业等方面的政策。通过组织政策解读培训、知识竞赛等活动，确保党员干部能够准确理解政策内涵、把握政策尺度，并能清晰明了地向群众宣传解释政策，使政策真正惠及群众。根据不同岗位需求，有针对性地开展业务技能培训。如从事社区服务的党员干部要学习矛盾调解、社区规划等技能；负责政务服务的党员干部要熟练掌握办公软件操作、行政审批流程优化等知识。鼓励党员干部参加各类职业资格考试和继续教育，不断更新知识结构，提升专业水平，为服务群众提供有力的技术支持。

培养综合能力素质。举办沟通技巧培训班，通过情景模拟、角色扮演等方式，训练党员干部与群众沟通交流的技巧和方法，提高党员干部的语言表达能力、倾听理解能力和情绪管理能力，使其能够与群众进行有效的沟通互动。同时，加强党员干部的协调能力培养，使其能够在处理群众问题时，协调各方资源，形成工作合力。组织开展应急管理培训和演练活动，提高党员干部应对突发事件的能力。培训内容要包括应急预案制定、应急指挥协调、危机公关处理等方面，让党员干部熟悉应急处理流程和方法。通过模拟突发事件场景进行演练，锻炼党员干部的应急反应能力和决策处置能力，确保在遇到紧急情况时能够迅速、妥善地解决问题。

察访民情民意。要做好信访工作，信访工作是党服务群众的重要途径，也是倾听群众心声的直接方式。党员干部可以通过信访渠道摸清群众愿望和诉求，了解群众不满意的地方，找到工作中的不足。要深入开展调查研究，既要到工作局面好和先进的地方去总结经验，又要到困难较多、情况复杂、矛盾尖锐的地方去研究问题，特别是要多到群众意见多的地方去，多到工作做得差的地方去，既要听群众的顺耳话，也要听群众的逆耳言，这样才能听到实话、察到实情、收到实效。党员干部还必须学好用好互联网这个平台，通过网络找准群众需求，察访民情民意，走好网上群众路线。

破解民生难题。针对当前困扰群众的堵点痛点难点问题，既要感同身受，也要对症下药，打通堵点、疏解痛点、解决难点，切实回应群众所思所盼所想。要紧紧抓住人民群众反映最强烈、最希望解决的问题，找准问题的关键点，分类研究制定解决问题的对策和方法。面对急需解决的问题和长期未能解决的问题，要敢于攻坚克难，能立刻解决的立行立改；不能立刻解决的，要拿出解决方案，明确时间表、路线图。必须坚持问题导向，办实事、解民忧，不能搞形式主义、装样子走过场。

持续改善民生。新时代新征程，科技发展日新月异，民生需求呈现出多样化、多层次、多方面等特点。党的十八大以来，我国基本民生保障标准不断提高，基本民生保障覆盖面不断扩大，人民群众对美好生活的向往已经从“有没有”向“好不好”转变，要让人民群众有更好的教育、更稳定的工作、更满意的收入，等等，满足人民群众对美好生活的新需要。聚焦解决群众最关心的民生问题，加快补齐民生领域短板，让群众有更多获得感、幸福感、安全感。要牢固树立底线思维，完善低保等基本生活救助制度，发挥好社会救助等政策的托底功能，健全就业促进机制，全面巩固拓展脱贫攻坚成果，织密社会保障安全网，真正为群众生活安康托底，持续改善民生。

三、提高防范化解风险本领

我们党之所以能在内忧外患中诞生、在磨难挫折中成长、在战胜风险挑战中壮大，很重要的一条就是不断总结经验、提高本领，其中就包括不断提高迎接挑战、防范化解风险的本领。当前，我国发展进入战略机遇和风险挑战并存、不确定难预料因素增多的时期。面对新征程上纷繁复杂的风险挑战，党员干部要切实提高防范化解风险本领，把发展建立在更加安全、更为可靠的基础之上。

提高防范化解风险本领，也是党员干部树立和践行正确权力观、政绩观、事业观的重要体现。这意味着党员干部在运用权力时需更加审慎，深知权力是把双刃剑，每一项决策都可能牵一发而动全身，引发一系列连锁反应，不能滥用权力去盲目冒险，而是要将权力作为抵御风险、保障人民利益的有力武器。从政绩观角度来看，党员干部应摒弃短视行为。防范化解风险工作往往不能一蹴而就，也不会立刻显现出耀眼的成绩。真正有价值的政绩，恰恰蕴含在对长期风险的有效防控之中。从事业观而言，党员干部要将防范化解风险视为事业发展的重要组成部分。任何伟大事业的推进都不可能一帆风顺，风险如影随形。无论是国家发展战略的实施，还是地方民生项目的落实，都需要把风险防范作为常态化工作。

1. 为国家和人民防范化解风险

党的二十大报告 16 次提及“风险”，对今后一个时期防范化解风险挑战作出重要部署。当前，世界百年未有之大变局加速演进，世界进入新的动荡变革期，在全球化、信息化、多元化迅猛发展的时代背景下，各种风险交织叠加、复杂多变，如同一张无形的大网笼罩着我们的生活。无论是自然灾害的肆虐、公共卫生事件的突发，还是经济领域的波动、社会矛盾的激化以及网络空间的安全威胁，都对国家的稳定繁荣、人民的安居乐业构成了严峻挑战。提高防范化解风险本领，已然成为摆在我们面前的一项刻不容缓且具有深远意义的重大课题。

第一，保障国家安全稳定。提高防范化解风险本领，有助于及时洞察敌对势力的阴谋诡计，防范“颜色革命”、网络攻击等危害国家政治安全的风险事件；精准识别经济领域潜在的风险隐患，科学制定并实施合理的经济政策，加强金融监管，保障国家经济金融体系稳定；深入了解社情民意，准确把握社会矛盾的焦点和根源，采取积极有效的措施协调各方利益关系，加强社会治理创新，完善矛盾纠纷多元化解机制，从源头上预防和减少社会不稳定因素，维护社会长治久安。

第二，保护人民生命财产安全。提高防范化解风险本领，有助于加强自然灾害监测预警能力建设，完善应急预案体系，提前做好防灾减灾准备工作；加强公共卫生体系建设，完善疾病预防控制机制，提高应急物资储备和调配能力；加强网络安全监管，打击网络违法犯罪活动，提升全民网络安全意识和防护技能。

第三，推动可持续发展。提高防范化解风险本领，有助于国家和社会增强应对风险的韧性，通过优化资源配置、加强科技创新、完善基础设施建设等措施，提升国家和地区在经济、社会、生态等各方面的抗风险能力，使国家在遭遇风险冲击时能够迅速调整、恢复活力，保障发展的连续性和稳定性，实现可持续发展目标；有效降低各类风险事件对发展环境的负面影响，增强国内外投资者的信心，吸引更多的人才、资金和技术，同时积极应对国际风险挑战，加强国际合作与交流，提升我国在国际舞台上的话语权和影响力，为可持续发展创造有利的外部环境。

2. 预判风险，处置风险，反思风险

防范化解风险本领主要体现在以下几个方面：一是对风险的预判能力，通过对事物发展规律的深刻认识，及时清查和发现可能发生风险的领域，做到未雨绸缪、防患于未然。二是风险发生后的处置能力，做到对上负责和对下负责相统一。各级领导干部在风险发生时要坚守一线、深入基层、摸清实情，同时还要及时准确上报风险发生状况，坚决贯彻执行上级正确决策指示，坚决反对形式主义和弄虚作假等问题。三是风险发生后的反思总结能力，既要做好处置风险的各项相关后续工作，还要注意查漏补缺，举一反三，保证类似风险不再重复发生[①]。

3. 肩负重大使命，面临严峻挑战

当前，国内外形势复杂多变，风险犹如潜伏在暗处的猛兽，随时可能对国家和人民造成巨大冲击。党员干部作为国家治理的中坚力量和人民群众的主心骨，肩负着防范化解风险的重大使命。然而，在这一艰巨任务面

---

① 《提高防范化解风险本领 对话中央党校（国家行政学院）哲学教研部副主任董振华》，《中国纪检监察报》2023 年 5 月 16 日。

前，党员干部也面临着诸多严峻挑战。

风险的复杂性与不确定性带来的认知挑战。从传统的自然灾害、公共卫生事件，到新兴的金融风险、网络安全风险、生态环境风险等，各种风险相互交织、错综复杂。由于专业背景和工作经验的限制，部分党员干部在面对新型风险时，往往感到力不从心，难以迅速作出准确判断。风险并非一成不变，而是处于不断变化和发展之中，在实际工作中，一些党员干部缺乏对风险动态变化的关注，习惯于按部就班，导致应对风险的措施滞后于风险的发展。风险的本质特征之一就是不确定性。无论是自然灾害的发生时间和地点，还是经济领域的市场波动，抑或是社会矛盾的爆发点，都难以准确预测。这种不确定性给党员干部的风险预判和决策带来了极大的困难。部分党员干部由于担心决策失误带来的后果，往往在面对不确定性风险时犹豫不决，错失最佳的防范化解时机。

资源有限与任务繁重导致的平衡挑战。防范化解风险需要投入大量的人力、物力和财力资源。然而，在实际工作中，党员干部往往面临着资源有限的困境，物资储备不足、技术装备落后等问题制约着防范化解风险工作的有效开展。在重大突发事件发生时，党员干部需要迅速响应、高效处置，承担起巨大的工作压力。在资源有限、任务繁重的情况下，如何合理分配资源，确保各项任务的顺利完成，成为党员干部面临的重大挑战。党员干部需要在确保日常工作正常开展的同时，合理安排资源用于防范化解风险工作。在实际工作中，一些党员干部由于缺乏科学的决策方法和管理手段，往往难以在资源有限与任务繁重中找到最佳平衡点。

社会期望与自身能力之间的差距挑战。在遭遇重大风险事件时，人民群众希望党员干部能够迅速采取有效措施，保障人民生命财产安全，维护社会稳定。同时，社会舆论也会对党员干部的工作表现进行密切关注和监督，一旦出现失误或不当行为，就可能引发公众的质疑和批评。面对社会的高期望，部分党员干部在防范化解风险方面的能力还存在一定的不足。一方面，一些党员干部缺乏系统的防范化解风险知识和技能培训，在面对复杂风险时，往往感到无从下手；另一方面，部分党员干部的创新意识和应变能力不足，习惯于传统的工作方法和思维模式，难以适应快速变化的风险形势。此外，一些党员干部的心理素质和抗压能力较弱，在面对重大风险事件时，容易出现紧张、焦虑等情绪，影响工作效率和决策质量。

4. 学习实践提升，练就能力本领

提高防范化解风险本领需要从强化风险意识、提升风险研判能力、增强风险处置能力和完善风险防控机制等方面入手，不断加强学习和实践，提高自身的综合素质和能力水平，为有效防范化解各类风险提供有力保障。

强化风险意识。学习各类风险的特点、表现形式以及可能带来的后果，提高对风险的认知水平。关注国内外经济、政治、社会等领域的动态变化，及时了解新出现的风险因素，增强对潜在风险的敏感度。参与自然灾害、经济危机、公共卫生事件等风险模拟演练，在实践中体验风险的影响，提高应对风险的能力。评估和总结演练结果，发现问题和不足，及时进行改进和完善。通过不断地演练和评估，提高风险意识和应急反应能力。

提升风险研判能力。利用现代信息技术，通过大数据分析、人工智能等手段，对风险进行早期预警和趋势预测，为及时采取防范措施提供依据。与科研机构、咨询公司等建立合作关系，共同开展风险研究和分析，提高风险研判的科学性和准确性。定期组织开展风险调研活动，深入了解各领域的风险状况和发展趋势。对收集到的风险信息进行深入分析和评估，评估风险的可能性、影响程度和紧迫性等，确定风险等级，为制定防范措施提供科学依据。

增强风险处置能力。针对可能发生的各类风险，制定详细的应急预案。定期对应急预案进行修订和完善，根据实际情况和风险变化，及时调整应急预案的内容和措施。同时加强应急预案的宣传和培训，让相关人员熟悉应急预案的操作流程和要求。定期组织开展应急演练，检验应急预案的可行性和有效性。对应急演练结果进行评估和总结，发现存在的问题和不足，及时进行改进和完善。建立健全风险处置资源保障体系，确保在风险发生

时能够及时提供必要的人力、物力、财力支持。加强资源管理和维护，确保应急资源的安全、可靠、有效。

完善风险防控机制。建立健全风险防控管理制度，规范风险防控工作流程。制定风险评估、风险预警、风险处置等方面的规章制度，确保风险防控工作有章可循、有据可依。加强对风险防控制度执行情况的监督检查，确保制度有效执行。对违反风险防控制度的行为进行严肃处理，维护制度的严肃性和权威性。利用现代信息技术，实现风险信息的实时收集、分析、预警和处置，提高风险防控工作的效率和水平，实现风险防控的智能化、精准化。同时，建立健全信息安全管理制度，加强对信息系统的安全防护和监控，防止信息泄露和被篡改。

四、提高斗争精神和斗争本领

中国共产党在斗争中诞生、在斗争中发展、在斗争中壮大，在应对各种困难挑战中锤炼了不畏强敌、不惧风险、敢于斗争、勇于胜利的风骨和品质。提高斗争精神和斗争本领是党员干部树立和践行正确权力观、政绩观、事业观的有力保障和实践路径，正确的权力观、政绩观、事业观为斗争精神和斗争本领的提升指引方向，二者相互促进、相辅相成，共同推动党和人民事业发展。

习近平总书记在党的二十大报告中把“敢于斗争、善于斗争”作为“三个务必”的重要内容，把“坚持发扬斗争精神”作为前进道路上必须牢牢把握的重大原则之一。2023 年 2 月 7 日，在学习贯彻党的二十大精神研讨班开班式上，习近平总书记再次强调，“敢于斗争、善于斗争，通过顽强斗争打开事业发展新天地”。新时代新征程，面对世界百年未有之大变局加速演进，我国发展进入战略机遇和风险挑战并存、不确定难预料因素增多的境遇，要进行具有新的历史特点的伟大斗争，党员干部必须提高斗争精神和斗争本领，知难而进、迎难而上。

1. 敢于担当，勇于开拓，坚韧不拔

斗争精神首先体现为敢于担当的责任意识。党员干部要有对党忠诚、为党分忧、为党尽职、为民造福的政治担当，要有守土有责、守土负责、守土尽责的责任担当。在面对大是大非问题时，敢于亮剑，坚决反对和抵制错误言行；在面对矛盾冲突时，敢于迎难而上，积极化解矛盾、解决问题；在面对危机挑战时，敢于挺身而出，冲锋在前，为保护国家和人民的利益不惜牺牲一切。做到平常时候看得出来、关键时刻站得出来、危难关头豁得出来。

斗争精神还包含勇于开拓的创新精神。新征程上，我们面临着许多新情况、新问题，没有现成的经验可以借鉴。这就需要党员干部敢于突破传统思维定式和工作模式，勇于探索创新，以新的理念、新的方法、新的举措来解决问题、推动发展。要敢于尝试新事物、接受新观念，不断开拓创新，为实现中华民族伟大复兴注入强大动力。

斗争精神更表现为坚韧不拔的意志品质。在斗争过程中，必然会遇到各种困难和挫折，甚至会遭受失败和打击。但党员干部不能因此而退缩，要始终保持坚定的信念和顽强的意志，不畏艰难、不惧风险，持之以恒地为实现目标而努力奋斗。要有“千磨万击还坚劲，任尔东西南北风”的坚韧品质，在困难面前不屈不挠，在挫折面前永不气馁，在失败面前永不放弃。

2. 发展进步必须依靠斗争精神和斗争本领

在波澜壮阔的历史长河中，人类社会的发展从来都不是一帆风顺的，而是充满了各种挑战与困难。新征程上，我们更是面临着前所未有的机遇与挑战，斗争精神和斗争本领的重要性愈发凸显。

实现个人成长与进步。人生的道路上充满了各种困难和障碍，只有具备斗争精神和斗争本领，才能勇敢地面对自我的不足和局限，不断挑战自我，超越自我。斗争的过程往往充满了挫折和失败，而具备斗争精神和斗争本领的人能够在逆境中保持坚韧不拔的品质，不轻易放弃，在一次次的挫折中学会调整心态，总结经验教训，继续前行。这种坚韧的品质将成为

宝贵的人生财富，使党员干部在未来的挑战中可以更加从容应对。斗争本领能激发个人的潜能，让党员干部在困境中发现自己未曾意识到的能力和优势，从而实现个人的成长与进步。

推动社会发展与进步。社会的发展离不开改革创新，而改革创新往往需要与旧的观念、体制和利益进行斗争。具备斗争精神和斗争本领的人敢于挑战传统，勇于提出新的思想和理念，推动社会的进步。斗争精神和斗争本领可以激发社会的创新活力，让更多的人敢于尝试新的事物，为社会的发展注入新的动力。在社会中，不公平、不正义的现象时有发生，只有具备斗争精神和斗争本领的人才能勇敢地站出来，为维护公平正义而斗争。维护公平正义是社会稳定和发展的基础，只有具备斗争本领，敢于为公平正义而战，社会才能更加和谐、美好。

应对国际复杂局势。在国际舞台上，斗争精神和斗争本领是维护国家主权和利益的坚实保障。当今世界，国际形势风云变幻，霸权主义、强权政治依然存在，贸易保护主义、单边主义不断抬头。面对这些挑战，只有具备斗争精神和斗争本领，才能在国际谈判中据理力争，坚定地捍卫国家的核心利益。当遭遇无端的经济制裁或外交压力时，凭借强大的斗争精神和斗争本领，我们能够灵活运用外交策略、经济手段等进行有力回击，展现国家的决心和实力。同时，斗争精神和斗争本领也有助于我们在国际合作中争取更有利的地位和条件，推动构建更加公平、合理的国际秩序。可以看到，在一些重大国际事务中，那些善于斗争、敢于斗争的国家往往能够为自身发展赢得更多的机遇和空间。

3. 筑牢斗争之魂，提升斗争之能，夯实斗争之基，凝聚斗争之力

从古老的部落纷争到现代的国际竞争，从革命年代的浴血奋战到和平时期的改革攻坚，斗争精神和斗争本领贯穿始终。在当今复杂多变的时代背景下，切实提高斗争精神和斗争本领，成为我们应对各种挑战、实现伟大目标的关键所在。

坚定理想信念，筑牢斗争之魂。深入学习马克思列宁主义、毛泽东思

想、邓小平理论、“三个代表”重要思想、科学发展观、习近平新时代中国特色社会主义思想，深刻领会其核心要义、精神实质和丰富内涵。通过系统的理论学习，坚定对共产主义的信仰，对中国特色社会主义的信念，对实现中华民族伟大复兴的信心。加强党性锻炼，提高政治觉悟和政治能力。深刻领悟“两个确立”的决定性意义，增强“四个意识”、坚定“四个自信”、做到“两个维护”，始终在思想上、政治上、行动上同以习近平同志为核心的党中央保持高度一致。坚持党性原则，敢于同不良风气作斗争，维护党的先进性和纯洁性。

加强实践锻炼，提升斗争之能。要敢于担当、勇于负责，积极主动地承担急难险重任务，面对困难和挑战不退缩、不回避，以坚韧不拔的毅力和勇气，攻坚克难，努力完成各项工作任务。不搞形式主义、官僚主义，真抓实干，务求实效，把工作的着力点放在解决实际问题上，放在为人民群众谋福祉上。参与到重大项目建设、生态环保、维护稳定等工作中，与各种困难和矛盾作斗争，在实践中积累经验、增长才干。要善于总结经验教训，不断提高斗争的策略和方法，学会从失败中吸取教训，从成功中总结经验，不断完善自己的斗争本领。

增强学习能力，夯实斗争之基。保持学习的热情和好奇心，不断学习新知识、新技能。关注国内外形势的变化，学习先进的理念和技术，拓宽自己的视野和思维方式。根据自己的工作需要和发展方向，有计划地进行学习，通过阅读书籍、参加培训、交流研讨等方式，不断提升自己的综合素质。在工作中，要善于发现问题、分析问题，提出创新性的解决方案。

强化团队协作，凝聚斗争之力。树立团队意识和大局观念，以团队的利益为重，积极配合团队成员，共同完成工作任务。尊重团队成员的意见和建议，善于倾听他人的声音，通过团队成员之间的相互交流和合作，实现优势互补，共同提高。明确团队成员的职责和分工，加强团队沟通和协调，及时解决团队内部的矛盾和问题。开展团队建设活动，增强团队凝聚力和战斗力，增进团队成员之间的感情和信任。

五、做到“业务精通、能拼善赢”

在波澜壮阔的时代画卷中，中国正以稳健的步伐走在新的征程上，中华民族伟大复兴进入了不可逆转的历史进程。在这伟大的历史进程中，党员干部是引领发展的先锋，是服务人民的楷模，是推动社会进步的关键力量。为了更好地履行职责，不辜负党和人民的期望，党员干部必须不断提升自我，树立和践行正确权力观、政绩观、事业观，做到“业务精通、能拼善赢”，在奋斗之路上展现风采，勇立新时代的潮头。

1. 做到“业务精通、能拼善赢”需要正确权力观指引方向

党员干部的权力是人民赋予的，这一本质属性决定了党员干部所从事的业务工作必须围绕人民需求展开。“业务精通”不是为了个人私利或小团体利益，而是为了更好地运用权力为人民服务。例如，在城市规划领域，党员干部若秉持正确权力观，就会深入了解市民对居住环境、交通出行、公共设施等方面的需求，进而精通城市规划相关业务知识，使城市规划方案更科学合理，满足人民群众对美好生活的向往。权力观如同灯塔，让“业务精通”有了明确的目标导向。

权力意味着责任，这是正确权力观的核心内涵。党员干部应意识到手中权力的重量，将其转化为工作中的动力。“能拼善赢”就是这种责任感在行动上的生动体现。例如，在应急救灾的关键时刻，拥有调配救灾资源权力的党员干部，深知责任重大，必须全力以赴。他们奋力拼搏，协调各方力量，保障受灾群众生命财产安全。这种在权力责任驱动下的“能拼善赢”，是党员干部履行使命的必然要求。

2. 做到“业务精通、能拼善赢”需要正确政绩观提供价值支撑

拥有正确政绩观的党员干部会坚持实事求是，追求实实在在的工作成果。在这种观念指导下，党员干部会扎根于业务实践，深入了解实际情况，为精通业务创造条件。以农村农业发展为例，党员干部如果追求真实有效的政绩，就会深入田间地头，了解农作物种植、农村产业发展现状，精通

农业技术推广、农产品市场运作等业务知识。他们不搞形式主义，通过脚踏实地的工作，成为业务领域的行家里手，为农村发展创造出经得起时间考验的政绩。

正确政绩观会着眼于长远发展，这需要党员干部具备坚韧不拔的意志和持续拼搏的精神。例如，在基础设施建设领域的交通、能源等大型项目，往往需要长期投入和持续努力。党员干部要从国家和人民的长远利益出发，在项目规划、建设过程中面对资金、技术、环境等重重困难，不退缩、不放弃，以“能拼善赢”的姿态，攻克一个又一个难关，推动项目顺利实施，为国家长远发展奠定坚实基础。这种拼搏正是基于对正确政绩观的深刻理解和践行。

3. 做到“业务精通、能拼善赢”需要正确事业观注入精神动力

正确的事业观将党和人民的事业放在至高无上的地位，这种追求能激发党员干部对业务知识的强烈渴望。例如，在文化传承与发展事业中，党员干部怀着对民族文化的深厚情感和责任感，将文化事业视为灵魂工程。他们为了更好地传承和弘扬传统文化，会以极大的热情投入到业务学习和实践中。对事业的热爱成为他们不断提升业务能力的内在驱动力，促使他们发光发热。

正确事业观要求党员干部以奉献于党和人民的事业为人生价值的体现，这使得他们在面对事业发展中的艰难险阻时，展现出无所畏惧的“能拼善赢”精神。例如，在我国科技自立自强的征程中，无数党员干部和科研人员怀揣为国家科技事业奉献一切的决心，在技术封锁、研发困境等巨大压力下，日夜奋战，凭借顽强的拼搏精神和精湛的专业技能，能拼善赢，向着科技高峰不断攀登，为国家科技事业铸就辉煌，彰显出在正确事业观引领下的强大精神动力。

总之，党员干部作为党和国家事业发展的中坚力量，正确的权力观、政绩观、事业观将会成为他们的行动指南。“业务精通、能拼善赢”就是在这一指南下展现出的卓越能力与精神风貌。当每一位党员干部都能将正

确的权力观、政绩观、事业观深深扎根于思想中，并不断践行，以其为基石来打磨自身能力和塑造行动姿态，党和人民的事业必将蒸蒸日上，在中华民族伟大复兴的征程中不断书写壮丽篇章。这不仅是时代赋予党员干部的使命，更是国家繁荣发展、人民幸福安康的重要保障，让我们朝着这个目标坚定不移地前行，铸就更加灿烂辉煌的未来。